CRIPTOMONEDA

Consejos Exitosos Sobre El Comercio En
Criptomoneda

(Un Libro Lleno De Conocimientos Desde
Principiantes Hasta Avanzados)

Yoel Pagan

Publicado Por Daniel Heath

© Yoel Pagan

Todos los derechos reservados

Criptomoneda: Consejos Exitosos Sobre El Comercio En Criptomoneda (Un Libro Lleno De Conocimientos Desde Principiantes Hasta Avanzados)

ISBN 978-1-7770207-8-1

Este documento está orientado a proporcionar información exacta y confiable con respecto al tema y asunto que trata. La publicación se vende con la idea de que el editor no esté obligado a prestar contabilidad, permitida oficialmente, u otros servicios cualificados. Si se necesita asesoramiento, legal o profesional, debería solicitar a una persona con experiencia en la profesión.

Desde una Declaración de Principios aceptada y aprobada tanto por un comité de la American Bar Association (el Colegio de Abogados de Estados Unidos) como por un comité de editores y asociaciones.

Se establece que la información que contiene este documento es veraz y coherente, ya que cualquier responsabilidad, en términos de falta de atención o de otro tipo, por el uso o abuso de cualquier política, proceso o dirección contenida en este documento será responsabilidad exclusiva y

TABLA DE CONTENIDO

Parte 1

Introducción

Bienvenido al mundo de la criptomoneda. Es un mundo complicado, no todos lo entienden, pero una cosa de la que puedo asegurarles es esto: no es solo una moda. Intentaré guiarlo a través de los aspectos más importantes de la criptomoneda: qué es, qué es una Blockchain, consejos sobre inversiones y una mirada a algunas de las criptomonedas más populares que existen hoy en día.

Las Criptomonedas son más que una simple fase pasajera, son uno de los fenómenos globales más grandes. Si bien aún pueden ser vistos como un poco geek y no entendidos realmente, o tal vez mal entendidos, por muchas personas, el sector financiero y los gobiernos, por no mencionar que muchas corporaciones están muy conscientes de su existencia y de la amenaza que representan para ellos. Ellos.

En este momento, tendrá dificultades para encontrar las principales empresas contables, bancos, gobiernos o compañías de software que no hayan llevado a cabo una investigación exhaustiva sobre las criptomonedas, que no hayan publicado algún tipo de documento o que hayan iniciado su propio proyecto de Blockchain. Pero más allá de todo esto, más allá de todo lo que se ve en los medios de comunicación, la mayoría de nosotros, incluso los grandes en el gobierno y las finanzas, tenemos muy poco conocimiento acerca de las criptomonedas, sin captar siquiera los conceptos más básicos.

Entonces, este libro es todo sobre criptomonedas, de dónde vinieron, qué son y todo lo que necesitas saber sobre ellas. Cuando llegue al final, tendrá más conocimientos y estará en una mejor posición para tomar decisiones sobre si debería o no debería invertir tiempo y dinero en ellas.

Capítulo 1: Crypto 101

Entonces, ¿qué es exactamente una criptomoneda? Para responder a eso, debemos volver al 2008. No mucha gente se da cuenta de que las criptomonedas de hoy se produjeron como un producto secundario del Bitcoin. Satoshi Nakamoto publicó un documento técnico en 2008 que detalla un sistema mediante el cual las personas podrían realizar transacciones seguras y rápidas, un sistema de efectivo electrónico P2P (peer-to-peer). Nunca fue su intención crear cualquier tipo de moneda, solo quería crear algo que tantos habían fallado antes.

Bitcoin se lanzó realmente en 2009 como una red de igual a igual (P2P) diseñada para detener el problema del doble gasto. Es un sistema descentralizado que no tiene autoridad central ni servidor, un éxito completo gracias a tantos fallos en la década de 1990. Después de más de 10 años de sistemas fallidos basados en un tercero de confianza, la idea fue cancelada y, después de ver todo esto, Satoshi intentó construir su sistema de efectivo de confianza sin la necesidad de una autoridad central, algo así como las redes P2P. Muchos de nosotros usamos para compartir archivos pero para transacciones.

Fue esta decisión la que impulsó el desarrollo de la criptomoneda. Estas son las piezas faltantes que se necesitaron para que el efectivo digital tenga éxito y una vez que entienda por qué entenderá la criptomoneda.

Para que los sistemas de efectivo digital funcionen, necesitará una red de pago. Esa red de pago necesita tener cuentas y saldos junto con las transacciones. Eso es lo fácil. Cada red de pagos tiene un gran problema que deben resolver: detener el doble gasto. El doble gasto es, como es de esperar, cuando una persona gasta el mismo dinero dos veces. Con la mayoría de las redes de pago, un servidor central se utiliza para mantener registros de saldos, pero con efectivo digital, no hay servidor.

Aquí es donde entra la cadena de bloques donde los compañeros de la red hacen su trabajo. Cada computadora que está vinculada a la red de efectivo digital se llama un par o un nodo. Cada uno de estos tiene una copia idéntica del libro de transacciones: la blockchain. Cada vez que se realiza una transacción, se comprueba este libro mayor, en parte para ver si la transacción es un gasto doble y en parte para confirmar que es una transacción legítima.

Si solo uno de estos saldos no está de acuerdo con los interlocutores de la red, todo el sistema se romperá. Para que un sistema de caja digital funcione, debe tener un consenso completo entre los pares. De nuevo, normalmente se necesitaría una autoridad central para declarar y registrar los saldos correctos, pero el efectivo digital no tiene esta autoridad central. Eso llevó a muchos a creer que el consenso era imposible, que el efectivo digital nunca podría tener éxito sin una autoridad central.

Satoshi Nakamoto demostró que todos estaban equivocados, produciendo un sistema que funcionó, un sistema donde se logró el consenso sin la autoridad central. Parte de su solución es la criptomoneda, y este es el bit que ha puesto a todo el mundo en un tizzy.

Entonces, ¿qué son estas criptomonedas? Si borra todo lo que rodea a una criptomoneda, descártela de nuevo, encontrará que no es más que un conjunto limitado de entradas almacenadas en una base de datos que no se puede cambiar con un conjunto de condiciones específicas que se cumplen. .

Piense en esto en términos de efectivo en su cuenta bancaria, que no es más que una serie de entradas, almacenadas en una base de datos, que requieren que se cumplan condiciones específicas antes de cambiarlas. Todo el dinero, ya sea físico o digital, no es más que una entrada verificada en una base de datos que consta de cuentas y saldos, así como también de transacciones.

Entonces, ¿por qué deberías usar

criptomoneda? Esa es una muy buena pregunta y la respuesta es realmente muy simple. Las criptomonedas son un gran paso en la dirección de un comercio global en el que todos podemos participar. Si tuviera que dejar de lado las criptomonedas como nada más que una moda a ignorar, sería como dejar de lado la idea de internet y HTTP en la década de 1990. Si puede comprender la tecnología, entonces puede comprender cómo las criptomonedas van a moldear nuestro futuro, los beneficios que brindan.

Los beneficios de la criptomoneda

● Transacciones sin fronteras. Envíe dinero a cualquier parte del mundo a cualquier persona en un instante, sin cargos elevados y sin intermediarios de los que preocuparse

● Todos pueden ser incluidos en el sistema financiero; no se limitará solo a aquellos que pueden acceder, pueden usar la banca moderna

● Las criptomonedas nos proporcionan una base para construir en la blockchain para cambiar la forma en que vemos e interactuamos con el dinero

● Podemos usar la importante potencia de cómputo que se genera en las criptomonedas para crear redes descentralizadas para aplicaciones que funcionan en una blockchain: redes como Ethereum que apuntan al marco para crear aplicaciones y ejecutarlas en lugar del aspecto monetario o monetario.

Capítulo 2: Criptomonedas populares

Hay más de 1000 criptomonedas activas disponibles en la actualidad y, si bien algunas de ellas no llegarán a ninguna parte, otras se han convertido en muy importantes, como Bitcoin, Ethereum y Litecoin. Entonces, ¿cómo se comparan estos tres entre sí? Miremos más de cerca.

Bitcoin

Bitcoin ahora ha recibido el honor de ser adoptado como una moneda legítima por parte de Japón y esto significa que, con el tiempo, los ciudadanos japoneses podrán usar Bitcoin para pagar sus facturas de impuestos. Bitcoin vio un aumento significativo en el precio en agosto de 2017 y parte de esto se debe a las noticias de Japón y en parte porque mucha gente creía que, una vez que el precio de un Bitcoin alcanzara los $ 3000, la burbuja explotaría. No lo hizo, y sigue aumentando.

Por último, Bitcoin ha visto un aumento en

los inversores aficionados y eso ayudó a la subida de precios. Sin embargo, son estos inversionistas aficionados los que serán los primeros en embotellarlos y retirarse cuando las cosas empiecen a parecer un poco rudas y esto es lo que hará que la burbuja finalmente explote donde no podría haber funcionado si el precio hubiera subido más suavemente. . Vale la pena recordar que el precio de Bitcoin, y el de todas las criptomonedas, es algo volátil y lo que podría parecer una caída significativa no significa mucho, hasta ahora, donde el precio ha aumentado significativamente y luego se ha reducido, ha Se instaló y volvió a subir.

En este momento, los tiempos de transacción de Bitcoin se mantienen en alrededor de 10 minutos y se espera que esto se reduzca significativamente con el tiempo. Esto, a su vez, aumentará cómo y dónde se usa Bitcoin, y, de todas las criptomonedas actuales, es la que probablemente se adoptará como moneda corriente. Bitcoin permitirá que las personas guarden su riqueza en lugares donde los gobiernos y los bancos no obtienen un vistazo.

Ethereum

A diferencia de Bitcoin, que se establece en 21 millones de monedas, no hay una tapa dura para Ethereum y esto significa que los primeros mineros no tienen la ventaja de tener todo el poder. Y, dado que el tiempo de transacción es increíblemente rápido, menos de un minuto, también significa que tiene la posibilidad de estar en uso como moneda legítima en algún momento en el futuro, un momento en el que podrá ingresar a una tienda física y Usa las fichas de Ethereum para hacer compras. Entonces, ¿eso hace de Ethereum algo que la economía luchará por manejar o simplemente va a ser otro lugar para que la gente arroje todo su dinero antes de que se caiga y se queme?

En este momento, esa pregunta no va a ir a ninguna parte, por lo que tal vez una mejor pregunta sería esta: ¿qué sucederá cuando las criptomonedas ICO (Oferta inicial de monedas), como las fichas Ethereum, lleguen a cero? Muchas personas han invertido en Ethereum porque creen que será la mejor opción. Con Ethereum, no está obteniendo una criptomoneda con la que pueda realizar compras, al menos no todavía. Lo que está obteniendo es combustible, un combustible que los desarrolladores tienen que pagar para desarrollar y ejecutar sus aplicaciones en la cadena de bloques Ethereum. Aplicaciones como contratos inteligentes, que discutiremos un poco más adelante. Entonces, ¿qué pasará con Ethereum, una de las criptomonedas más programables, en comparación con el Bitcoin completamente no programable, cuando las fichas de Ethereum no valen nada, lo que podría suceder?

Un argumento es que Litecoin es una apuesta mejor que Ethereum, llena más de un vacío o una necesidad. Sin embargo, también existe la posibilidad muy alta de que, si bien algunos países no adopten Bitcoin como una moneda legítima, pueden adoptar Ethereum. Ya sabemos que Bitcoin ha sido una bendición para África y Medio Oriente, simplemente porque los trabajadores no pueden confiar en sus bancos, sin embargo, es muy poco probable que estos gobiernos adopten alguna criptomoneda, ni siquiera una ficha como Ethereum, como una corriente principal. Moneda. Sin embargo, cuando miras a un país como Grecia y consideras la grave situación financiera en la que se encuentran los griegos, podrías preguntarte si tal vez harían mejor en adoptar Ethereum como una segunda forma de moneda, dando a su gente un poco más de control sobre su propio dinero, más libertad de lo que los bancos en quiebra les permiten. El gobierno griego no se va a preocupar demasiado por las represalias de los bancos si lo hizo y los recaudadores de impuestos tienen la inteligencia de darse cuenta de que pueden ver cómo se está utilizando Ethereum para ver si alguien lo está utilizando como un Dodge de impuestos.

Litecoin

Uno de los puntos de venta más importantes para Litecoin es la velocidad de las transacciones, que es una de las razones por las que se desarrolló Litecoin: proporcionar una alternativa a Bitcoin. Pero, a medida que pasa el tiempo, los tiempos de transacción tanto para Ethereum como para Bitcoin se acelerarán, ¿qué pasará con Litecoin cuando su punto de venta haya desaparecido? Eso es lo que cualquiera puede adivinar, pero no sería bueno subestimar a Litecoin porque, una y otra vez, hemos visto al perdedor, el perdedor en la carrera, triunfando y superando a todos los demás.

Litecoin es una versión amigable y liviana de Bitcoin y es más escalable, que no se puede negar. Pero, al estar tan cerca de Bitcoin, podría eliminarse por las mismas cosas, como la computación cuántica, que podrían matar a Bitcoin. Sin embargo, si queremos hablar de estas cosas, podríamos decir que Bitcoin podría convertirse en la corriente principal simplemente porque un banco de Estados Unidos fue golpeado por una bomba de Corea del Norte. Litecoin tiene que encontrar su propio lugar en el mercado, su propia necesidad y luego debe ser capaz de satisfacer esa necesidad. Bitcoin satisface las necesidades de los pueblos de Oriente Medio y África que no pueden confiar en sus bancos, por lo que Litecoin, si no puede encontrar esa necesidad, la lógica dicta que morirá.

Términos de inversión

Entonces, ¿en qué invertirías tu dinero? Las tres criptomonedas son buenas inversiones. Litecoin y Bitcoin son principalmente monedas digitales, mientras que Ethereum es la mejor para aplicaciones distribuidas. Bitcoin y Litecoin tienen el propósito principal de transferir valor, mientras que Ethereum ofrece las mejores posibilidades para darnos valor a través de operaciones que ocurren en todas las computadoras dentro de la red, a través de sus contratos inteligentes. Entonces, en términos de inversión:

- **Ethereum:** muchas aplicaciones y una buena tecnología que tiene un gran futuro. Ethereum ha estado aumentando gradualmente este año, con algunos altibajos, pero su valor ha aumentado en general, y se espera que esta tendencia alcista continúe.

- **Litecoin:** la quinta criptomoneda más grande que utiliza la tecnología blockchain. Los precios de Litecoin se dispararon alrededor de 1400% solo este año. Potencialmente, puede ofrecer mucho más valor que Bitcoin y, al igual que Bitcoin, está descentralizado, puede explotarse y operará a nivel global. Los tiempos de transacción son de alrededor de 2 minutos, aproximadamente 5 veces más rápidos que los de Bitcoin y esto puede ser un factor determinante en su futuro.

- **Bitcoin:** obviamente, la primera y la más popular de todas las criptomonedas, Bitcoin es una fuerza global. Mientras que algunos dicen que no pasará los precios de ETH o LTC el próximo año, hay otros que creen que alcanzará las alturas de $ 50,000 o incluso $ 100,000 por moneda.

Capítulo 2: Criptomonedas populares

Hay más de 1000 criptomonedas activas disponibles en la actualidad y, si bien algunas de ellas no llegarán a ninguna parte, otras se han convertido en muy importantes, como Bitcoin, Ethereum y Litecoin. Entonces, ¿cómo se comparan estos tres entre sí? Miremos más de cerca.

Bitcoin

Bitcoin ahora ha recibido el honor de ser adoptado como una moneda legítima por parte de Japón y esto significa que, con el tiempo, los ciudadanos japoneses podrán usar Bitcoin para pagar sus facturas de impuestos. Bitcoin vio un aumento significativo en el precio en agosto de 2017 y parte de esto se debe a las noticias de Japón y en parte porque mucha gente creía que, una vez que el precio de un Bitcoin alcanzara los $ 3000, la burbuja explotaría. No lo hizo, y sigue aumentando.

Por último, Bitcoin ha visto un aumento en

los inversores aficionados y eso ayudó a la subida de precios. Sin embargo, son estos inversionistas aficionados los que serán los primeros en embotellarlos y retirarse cuando las cosas empiecen a parecer un poco rudas y esto es lo que hará que la burbuja finalmente explote donde no podría haber funcionado si el precio hubiera subido más suavemente. . Vale la pena recordar que el precio de Bitcoin, y el de todas las criptomonedas, es algo volátil y lo que podría parecer una caída significativa no significa mucho, hasta ahora, donde el precio ha aumentado significativamente y luego se ha reducido, ha Se instaló y volvió a subir.

En este momento, los tiempos de transacción de Bitcoin se mantienen en alrededor de 10 minutos y se espera que esto se reduzca significativamente con el tiempo. Esto, a su vez, aumentará cómo y dónde se usa Bitcoin, y, de todas las criptomonedas actuales, es la que probablemente se adoptará como moneda corriente. Bitcoin permitirá que las personas guarden su riqueza en lugares donde los gobiernos y los bancos no obtienen un vistazo.

Ethereum

A diferencia de Bitcoin, que se establece en 21 millones de monedas, no hay una tapa dura para Ethereum y esto significa que los primeros mineros no tienen la ventaja de tener todo el poder. Y, dado que el tiempo de transacción es increíblemente rápido, menos de un minuto, también significa que tiene la posibilidad de estar en uso como moneda legítima en algún momento en el futuro, un momento en el que podrá ingresar a una tienda física y Usa las fichas de Ethereum para hacer compras. Entonces, ¿eso hace de Ethereum algo que la economía luchará por manejar o simplemente va a ser otro lugar para que la gente arroje todo su dinero antes de que se caiga y se queme?
En este momento, esa pregunta no va a ir a ninguna parte, por lo que tal vez una mejor pregunta sería esta: ¿qué sucederá cuando las criptomonedas ICO (Oferta

inicial de monedas), como las fichas Ethereum, lleguen a cero? Muchas personas han invertido en Ethereum porque creen que será la mejor opción. Con Ethereum, no está obteniendo una criptomoneda con la que pueda realizar compras, al menos no todavía. Lo que está obteniendo es combustible, un combustible que los desarrolladores tienen que pagar para desarrollar y ejecutar sus aplicaciones en la cadena de bloques Ethereum. Aplicaciones como contratos inteligentes, que discutiremos un poco más adelante. Entonces, ¿qué pasará con Ethereum, una de las criptomonedas más programables, en comparación con el Bitcoin completamente no programable, cuando las fichas de Ethereum no valen nada, lo que podría suceder?

Un argumento es que Litecoin es una apuesta mejor que Ethereum, llena más de un vacío o una necesidad. Sin embargo, también existe la posibilidad muy alta de que, si bien algunos países no adopten Bitcoin como una moneda legítima, pueden adoptar Ethereum. Ya sabemos que Bitcoin ha sido una bendición para África y Medio Oriente, simplemente porque los trabajadores no pueden confiar en sus bancos, sin embargo, es muy poco probable que estos gobiernos adopten alguna criptomoneda, ni siquiera una ficha como Ethereum, como una corriente principal. moneda. Sin embargo, cuando miras a un país como Grecia y consideras la grave situación financiera en la que se encuentran los griegos, podrías preguntarte si tal vez harían mejor en adoptar Ethereum como una segunda forma de moneda, dando a su gente un poco más de control sobre su propio dinero, más libertad de lo que los bancos en quiebra les permiten. El gobierno griego no se va a preocupar demasiado por las represalias de los bancos si lo hizo y los recaudadores de impuestos tienen la inteligencia de darse cuenta de que pueden ver cómo se está utilizando Ethereum para ver si alguien lo está utilizando como un Dodge de impuestos.

Litecoin

Uno de los puntos de venta más importantes para Litecoin es la velocidad de las transacciones, que es una de las razones por las que se desarrolló Litecoin: proporcionar una alternativa a Bitcoin. Pero, a medida que pasa el tiempo, los tiempos de transacción tanto para Ethereum como para Bitcoin se acelerarán, ¿qué pasará con Litecoin cuando su punto de venta haya desaparecido? Eso es lo que cualquiera puede adivinar, pero no sería bueno subestimar a Litecoin porque, una y otra vez, hemos visto al perdedor, el perdedor en la carrera, triunfando y superando a todos los demás.

Litecoin es una versión amigable y liviana de Bitcoin y es más escalable, que no se puede negar. Pero, al estar tan cerca de Bitcoin, podría eliminarse por las mismas cosas, como la computación cuántica, que podrían matar a Bitcoin. Sin embargo, si queremos hablar de estas cosas, podríamos decir que Bitcoin podría convertirse en la corriente principal simplemente porque un banco de Estados Unidos fue golpeado por una bomba de Corea del Norte. Litecoin tiene que encontrar su propio lugar en el mercado, su propia necesidad y luego debe ser capaz de satisfacer esa necesidad. Bitcoin satisface las necesidades de los pueblos de Oriente Medio y África que no pueden confiar en sus bancos, por lo que Litecoin, si no puede encontrar esa necesidad, la lógica dicta que morirá.

Términos de inversión

Entonces, ¿en qué invertirías tu dinero? Las tres criptomonedas son buenas inversiones. Litecoin y Bitcoin son principalmente monedas digitales, mientras que Ethereum es la mejor para aplicaciones distribuidas. Bitcoin y Litecoin tienen el propósito principal de transferir valor, mientras que Ethereum ofrece las mejores posibilidades para darnos valor a través de operaciones que ocurren en todas las computadoras dentro de la red, a través de sus contratos inteligentes. Entonces, en términos de inversión:

●**Ethereum:** muchas aplicaciones y una buena tecnología que tiene un gran futuro. Ethereum ha estado aumentando gradualmente este año, con algunos altibajos, pero su valor ha aumentado en general, y se espera que esta tendencia alcista continúe.

●**Litecoin:** la quinta criptomoneda más grande que utiliza la tecnología blockchain. Los precios de Litecoin se dispararon alrededor de 1400% solo este año. Potencialmente, puede ofrecer mucho más valor que Bitcoin y, al igual que Bitcoin, está descentralizado, puede explotarse y operará a nivel global. Los tiempos de transacción son de alrededor de 2 minutos, aproximadamente 5 veces más rápidos que los de Bitcoin y esto puede ser un factor determinante en su futuro.

● **Bitcoin:** obviamente, la primera y la más popular de todas las criptomonedas, Bitcoin es una fuerza global. Mientras que algunos dicen que no pasará los precios de ETH o LTC el próximo año, hay otros que creen que alcanzará las alturas de $ 50,000 o incluso $ 100,000 por moneda.

Capítulo 3: Criptomoneda Minería

La minería de monedas criptográficas es una carrera y los primeros puestos para ganar son los primeros en adoptarla. La minería de Bitcoin solía ser la más popular, pero ya no lo es. Con tantas más criptomonedas alrededor, la mayoría de ellas cuestan menos que las de Bitcoin. Más sobre eso más adelante; por ahora, las tres criptomonedas que proporcionan el mejor beneficio a los mineros por el costo en que incurren son Litecoin, Feathercoin y Dogecoin. Tome Litecoin, por ejemplo; Con el hardware a nivel del consumidor de la minería, podría ganar hasta $ 10 por día, lo que no suena mucho, pero es mucho más que Bitcoin. Del mismo modo, Feathercoin y Dogecoin no son tan rentables, pero se están haciendo rápidamente populares.

¿Merece la pena la minería de monedas criptográficas?

Si utiliza la minería de monedas criptográficas como algo más que un pasatiempo, entonces sí, puede ganar un par de dólares por día haciéndolo. Espere pagar alrededor de $ 1000 por hardware y podría recuperar ese dinero en un año o dos. Considérelo como un segundo ingreso y es muy poco probable que tenga éxito y, ciertamente, no es un método de ingreso confiable para muchos. Solo puede obtener ganancias significativas en la extracción de monedas criptográficas si está preparado para invertir entre $ 3,000 y $ 5,000 en hardware; Esto podría traerle una recompensa de más de $ 50 por día.

En algún momento, podemos esperar que el valor de estas tres criptomonedas aumente y, en ese momento, tienes el potencial de encontrar miles de dólares en moneda digital, pero esto no es un hecho y no deberías esperar Para convertirse en un millonario de monedas cripto! Por lo tanto, si decide darle una oportunidad a la minería, solo piense en ello como un pasatiempo y solo espere un pequeño rendimiento.

Si su objetivo es obtener una cantidad significativa de segundo ingreso, entonces use su efectivo para comprar monedas criptográficas (no las extraiga) y guárdelas con la esperanza de que aumenten de valor.

¿Cómo funciona Crypto Coin Mining?

Esto es para los principiantes que no quieren gastar más de $ 1000 en costos de hardware por adelantado y estamos buscando minería Litecoin, Dogecoin y Feathercoin. La minería se realiza para lograr estas 3 cosas:

● Proporcionar a la red servicios de contabilidad. La minería no es más que una contabilidad de computadora, hecha 24/7, para verificar las transacciones

● Obtenga algún tipo de recompensa por su trabajo con el pago en fracciones de la moneda cada pocos días

● Mantener sus costos bajos, y eso incluye los costos de electricidad y hardware

Lo que necesitas para minar:

Para extraer estas 3 monedas criptográficas, necesitarás 10 cosas:

1. Una billetera que es una base de datos privada que puedes obtener gratis. Una billetera es un contenedor con protección de contraseña en el que guarda sus monedas y es donde se guardan sus transacciones. (Consulte mi guía gratuita para configurar una billetera)

2. Software de minería que tiene paquetes de stratum y cgminer - esto es gratis

3. Membresía del fondo minero. Un grupo es un grupo de mineros que combinan su poder de cómputo para aumentar la estabilidad de sus ingresos y la rentabilidad.

4. Intercambio de membresía. Necesita una cuenta en un intercambio en línea donde se puede cambiar la moneda digital por la primera moneda (el dinero que usa su país) y viceversa.

5. Una conexión a Internet que sea confiable, preferiblemente al menos 2 MB / S o superior

6. Un área fresca y con aire acondicionado para configurar su hardware en

7. Una computadora, ya sea de escritorio o personalizada para minería. Puedes usar tu existente pero, una vez que comiences con la minería, no podrás usarlo para nada más, así que lo mejor es usar uno dedicado. Olvídese de usar computadoras portátiles, dispositivos de mano o dispositivos de juegos porque simplemente no son lo suficientemente efectivos como para generar ingresos.

8. Una GPU ATI (unidad de procesamiento de gráficos) o un chip ASIC (dispositivo de procesamiento especial). Estos costarán entre $ 90 por uno usado y $ 3000 por uno nuevo y estos son los caballos de batalla, el poder detrás de la minería y la contabilidad.

9. Un ventilador estándar que sopla aire fresco sobre su configuración. La minería tiene el potencial de generar importantes cantidades de calor y mantener el hardware fresco es fundamental

10. La curiosidad. Realmente necesita tener un buen apetito por aprender, ya que el entorno y la tecnología de la minería están cambiando y optimizándose constantemente. Los mejores mineros pasarán varias horas cada semana tratando de obtener nuevas formas de optimizar su rendimiento minero y su potencial de lucro.

¿Qué hay de Bitcoin Mining?

Si hubiera sido uno de los primeros adoptantes en 2009, ya habría ganado varios miles de dólares. Sin embargo, también podrías haberlo perdido todo. En este momento, la minería de Bitcoin se realiza solo a través de operaciones a gran escala y la razón de esto es que los algoritmos matemáticos que deben resolverse se han vuelto mucho más difíciles con los años, mucho más allá de lo que cualquier persona normal podría esperar lograr con una configuración de la casa. El costo actual de comprar y mantener el hardware requerido ahora estaría muy por encima de lo que un minero en pequeña escala podría justificar el gasto y llevaría años para que cualquier ganancia se realice, si es que alguna vez se realiza.

Por lo tanto, a menos que tenga muchos miles de dólares para gastar en hardware de grado industrial y oficinas o almacenes con aire acondicionado para mantener el equipo, no habrá ningún beneficio en ello. Sería mejor usar ese dinero para comprar

Bitcoins y mantenerlos hasta que el valor aumente nuevamente.

Litecoin, Feathercoin y Dogecoin son todas posibilidades para los mineros en pequeña escala, pero si decide que quiere probar Bitcoin en la minería, esto es lo que necesitará:

- **Tarjetas gráficas**
- **Procesador**
- **Fuente de alimentación**
- **Cables**
- **Memoria**
- **Fans**

Puede que no parezca una lista impresionante, pero tendría que gastar entre $ 2,000 y $ 4000 dólares y eso no tiene en cuenta el costo de alimentar el sistema y mantenerlo.

Capítulo 4: ¿Qué es la tecnología Blockchain?

Muchas personas a menudo se confunden cuando intentan entender la tecnología de la blockchain, pero en realidad no es tan complicadocomo parece. De hecho, el concepto básico de la blockchain es muy simple. Tenemos datos que no queremos que se manipulen, copien o accedan de ninguna otra manera, pero todos sabemos que Internet no es tan seguro como quizás pensamos que debería ser. Los ataques de piratería son casi cotidianos ahora y cada vez es más difícil proteger los datos. Con el blockchain, obtenemos algo que no cambia, una base de datos que no se puede alterar y donde las transacciones solo pueden suceder si se han seguido las reglas.

Si lees el documento de Bitcoin de Satoshi Nakamoto, sabrás que habla sobre cómo extraer datos en bloques, y luego encadenar los bloques usando un hash, que es un enlace con marca de tiempo, a través de una red de nodos que Es descentralizado. Cada nodo o computadora en la red luego verificará la transacción. Una innovación que surge del libro blanco, un punto clave, es algo que se llama PoW o Prueba de trabajo. Este modelo se utiliza para crear un consenso distribuido sin confianza y también es la solución que Nakamoto encontró para resolver el doble gasto para siempre.

Aunque el sistema se denomina "sin confianza", no debe entenderse que significa que no se puede confiar porque significa exactamente lo contrario. El blockchain verificará cada transacción a través del modelo de PoW y esto significa que no hay necesidad de confianza entre ninguno de los participantes en la transacción. Esta prueba de trabajo proviene de los mineros, cada uno de los cuales genera el PoW al juntar los bloques y verificar cada transacción que se coloca en el libro mayor.

Quizás una mejor explicación de la blockchainsería esta: la moneda digital no se guarda en algún lugar de un archivo. En su lugar, es una serie de transacciones que figuran en un libro mayor o en una hoja de cálculo con una copia almacenada en millones de computadoras diferentes. Cada computadora verifica y aprueba las transacciones y las almacena permanentemente en el libro de contabilidad, un libro de contabilidad que ahora conocemos como la blockchain.La blockchain se distribuye entre todas las computadoras, lo que significa que no hay ninguna base de datos centralizada. Cualquiera puede verlo porque vive en esa red y está totalmente encriptado, utilizando una combinación de claves públicas y privadas para mantener la seguridad total.

Sin embargo, vale la pena tener en cuenta que nada está completamente protegido contra la piratería, especialmente cuando no se ha utilizado de la forma prevista. La razón por la que funciona la seguridad en la cadena de bloques es en parte debido al cifrado y en parte porque es un sistema descentralizado. Podrías señalarme que ya se han producido algunos hacks importantes en la blockchain y que ya se han robado millones de tokens de Bitcoins y Ethereum, pero hay una buena razón para ello. Los dos más grandes son el monte. Gox (2014) y Bitfinex (2016) y la razón por la que fueron pirateados y eliminados se debió a que intentaron centralizar el sistema. El hackeo de DAO en Ethereum es otro famoso y se remonta a una serie de hazañas en algunos de los contratos inteligentes que se escribieron en una cadena de bloques que ya estaba bien establecida. Y el mayor intercambio de Ethereum en Corea del Sur fue pirateado y el ICO de una startup israelí fue robado cuando su sitio web fue hackeado.

Todos y cada uno de estos problemas ocurrieron porque existían debilidades en los sistemas que estaban conectados a la cadena de bloques, ninguno de ellos provenía de la propia blockchain. La seguridad y el cifrado que subyace en la cadena de bloques son increíblemente sólidos y no se pueden piratear ni romper sin una gran cantidad de potencia de cómputo y el acuerdo de cada computadora en la red.

Ok, entonces sabemos cómo funciona la blockchain y sabemos que es seguro, pero ¿qué hay de la forma en que los bloques se conectan entre sí? ¿Por qué la blockchain se fortalece a medida que se alarga y en qué punto entra en juego la cuestión de la inmutabilidad?

El verdadero latido de la red blockchain está en el sistema de verificación de elfos. Cada 10 minutos, las transacciones se verifican, verifican, acuerdan y luego se almacenan en un bloque y esto se vincula al bloque anterior, proporcionando una cadena. Para que un bloque sea válido, debe vincularlo con el anterior y toda la estructura pone una marca de tiempo permanente en todo, almacenando los intercambios de valor que impiden que cualquiera pueda manipular y cambiar cualquier cosa en el libro de contabilidad. Este libro mayor se distribuye entre todos los nodos de la red, lo que crea un consenso de la red de todas las transacciones que han ocurrido en la blockchain.

Este libro digital también es programable para registrar casi cualquier cosa de valor, como licencias de matrimonio, certificados de nacimiento, certificados de defunción, títulos de propiedad, títulos, cuentas, registros médicos, procedencias, etc., todo lo que pueda expresarse en un código .

La inmutabilidad es una parte más crucial de la ecuación cuando intentas entender la blockchain. Una vez creado, un objeto que nunca se puede modificar tiene un valor infinito en el mundo digital de hoy. Cuantos más nodos haya para que se distribuya la blockchain, más fuerte será y más confianza tendrá. Piense en ello como una verificación de verificación y hasta el infinito. El efecto de red es lo que crea la fuerza en el factor de inmutabilidad, especialmente con Bitcoin. Para crear un nuevo activo digital, no cuesta prácticamente nada, por lo que debe ser capaz de demostrar una cantidad de valor no despreciable para superar ese efecto de red si desea alejar a las personas de la blockchain de Bitcoin, una cadena de bloques de confianza. El más alto nivel de seguridad, sin mencionar su historial probado.

Esa es la blockchain de Bitcoin, pero ¿qué pasa con Ethereum? ¿Qué pasa con estos contratos inteligentes que seguimos escuchando?

Contratos inteligentes

Aquí es donde el valor real de la blockchain entra en juego. Debido a que está descentralizado, un sistema entre partes permitidas, no hay ninguna necesidad de intermediarios que ahorre tiempo y elimine conflictos. Las blockchains tienen sus problemas, pero son mucho más rápidas, mucho más baratas y definitivamente más seguras que el sistema tradicional en el que siempre hemos confiado y esta es la razón por la que los gobiernos y los bancos están recurriendo gradualmente a ellos.

En 1994, un criptógrafo y académico legal llamado Nick Szabo se dio cuenta de que los libros de contabilidad descentralizados podían usarse para crear contratos inteligentes. Estos también se conocían como contratos de ejecución automática, contratos digitales o contratos de blockchain. Usando este formato, un contrato podría convertirse en código y almacenarse en el sistema, replicarse y luego supervisarse por la red de nodos responsables de ejecutar la blockchain. El resultado de esto sería la retroalimentación del libro mayor, como la transferencia de dinero y la recepción de servicios o bienes.

¿Qué son los contratos inteligentes?

Un contrato inteligente le permite intercambiar dinero, acciones, propiedades o cualquier cosa de valor de manera transparente, libre de conflictos y sin la necesidad de un intermediario. Piense en la tecnología detrás del contrato inteligente como la de una máquina expendedora. La forma normal de redactar un contrato sería que lo haga un notario o un abogado, que pague su dinero y luego espere mientras se elabora el contrato. Con el contrato inteligente, usted introduce una moneda en la máquina expendedora (el libro mayor) y los bienes o servicios que pagó ingresan inmediatamente en su cuenta. El contrato incluirá todas las reglas y las sanciones de un contrato tradicional, pero también aplicará automáticamente esas reglas y sanciones.

Vitalik Buterin es responsable del desarrollo de Ethereum y él lo explicó diciendo que su moneda o activo se coloca en un programa y ese programa ejecutará el código. En un punto, el código validará una condición determinada automáticamente y determinará si el activo o la moneda debe ir a la persona que lo compra o de nuevo a la persona que lo vende. El documento se replica en el libro mayor descentralizado, lo que proporciona la seguridad y la inmutabilidad necesarias. Déjame intentar explicarte un poco mejor.

Digamos que le estoy alquilando una casa a través de la blockchain y usted la está pagando en criptomoneda. Recibirá el recibo de su pago y se guardará dentro del contrato virtual entre nosotros. A cambio de su pago, le proporciono una clave digital en una fecha especificada en el contrato.

Si no recibo su pago en la fecha especificada, no le envío la clave. Si envía su pago y no le envío la clave antes de la fecha especificada, se le otorgará automáticamente un reembolso completo. Si le envío la ley antes de la fecha especificada, eso y el pago que usted envió se retendrán automáticamente hasta la fecha especificada, momento en el que se le entrega la clave a usted y al pago.

Este es un sistema impecable que funciona según la premisa de If-Then y tiene literalmente cientos de testigos. Cada contrato tiene una fecha de cancelación automática incorporada y ni usted ni yo podemos manipular el código sin que el otro lo sepa, ya que los dos recibiríamos una alerta al mismo tiempo.

El contrato inteligente se puede usar para todo tipo de cosas, desde derivados financieros hasta incumplimientos de contratos, desde primas de seguros hasta leyes de propiedad, servicios financieros, acuerdos de financiación colectiva, respaldo crediticio y procesos legales, por nombrar solo algunos.

Capítulo 5: Horquillas de criptomoneda

Una cosa de la que quizás haya escuchado un poco recientemente, en términos de criptomonedas, son las "bifurcaciones". Aunque no es un tenedor de mesa. En la blockchain, ocurre una bifurcación cuando los participantes no pueden ponerse de acuerdo sobre algunas reglas comunes. La forma más básica de explicarlo es decir que una bifurcación ocurre cuando la blockchainse divide, creando dos caminos por delante. Puede ocurrir con respecto al historial de transacciones en la red o debido a una nueva regla para determinar la validez de una transacción. El resultado es que todos los participantes deben decidir qué opción van a apoyar.

Hay bastantes tipos diferentes de horquillas y todavía son bastante nuevas. Algunos se resolverán por sí mismos, pero otros pueden causar una división permanente en la comunidad, lo que resultará en la creación de dos historias de blockchain y dos monedas. También existe cierta confusión sobre los tipos de horquillas, cómo se activan y qué riesgos plantean.

Los básicos

Antes de ver las clasificaciones de las horquillas, debe tener en cuenta que las horquillas de Bitcoin son bastante frecuentes. Como un subproducto del sistema de consenso distribuido, una bifurcación puede suceder cuando dos mineros llegan a un bloque prácticamente al mismo tiempo. La ambigüedad que lo rodea se resuelve agregando bloques subsiguientes a uno, convirtiéndolo en la cadena más larga y huérfano en el otro, en cuyo punto se abandona.

Sin embargo, las bifurcaciones también se introducen deliberadamente en la red y esto sucede cuando los desarrolladores desean cambiar las reglas utilizadas por el software para determinar la validez de una transacción. Si un bloque tiene transacciones no válidas, se ignora todo el bloque y el minero que originalmente encontró el bloqueo perderá su recompensa potencial. Debido a eso, los mineros solo quieren extraer los bloques válidos y construir las cadenas más largas.

Estas son las bifurcaciones más comunes que escuchará sobre:

Tenedor duro

Una bifurcación es, esencialmente, una actualización del software que trae nuevas reglas que no son compatibles con la versión anterior del software. Si, por ejemplo, se introdujera una regla que expandiera el tamaño del bloque de 1 MB a 2 MB, se necesitaría un tenedor duro. Cualquier nodo que continúe ejecutando el software anterior verá cualquier bloque minado bajo las nuevas reglas como inválido, por lo que todos los nodos necesitarán actualizar su software a las nuevas reglas, por lo que todos los bloques minados serían válidos.

El problema surge cuando no todos los nodos están de acuerdo: algunos querrán quedarse con las reglas anteriores, mientras que otros querrán las nuevas reglas. Uno de los mejores estudios de caso de esto es la bifurcación DAO

Ethereum: ahora tenemos Ethereum y Ethereum Clásico, ambos con reglas diferentes y con monedas diferentes.

Tenedor blando

Por el contrario, una bifurcación suave es un cambio que se clasifica como compatible con versiones anteriores. Por ejemplo, en lugar del tamaño de bloque de 1 MB, se sugiere reducirlo a 500 KB. Cualquier nodo que no haya sido actualizado todavía podrá ver las transacciones como válidas pero, si explotan los bloques, estos nodos rechazarán estos bloques como no válidos.

Los problemas surgen cuando un tenedor flexible solo recibe el apoyo de una minoría del poder de hash de la red, convirtiéndolo en potencialmente la cadena de bloques más corta y el riesgo de que se abandone. La única otra forma es que se convierta en un tenedor duro y se separe.

Las bifurcaciones blandas son la opción más común para actualizar la blockchain de Bitcoin porque tienen un menor factor de riesgo de dividir la comunidad y la red.

2 ejemplos del pasado son P2SH, que cambió la forma en que se formateó la dirección de Bitcoin, y BIP66, que tenía que ver con la forma en que se validan las firmas.

Horquilla blanda activada por el usuario:

Una bifurcación suave UASF o activada por el usuario es algo controvertida y se refiere a la adición de una actualización de blockchain que no tiene soporte directo de aquellos que proporcionan el poder de hashing. La idea detrás de esto es que, en lugar de esperar un cierto nivel de soporte de los grupos de minería, el poder se otorga a los intercambios, las billeteras y las empresas que ejecutan nodos completos.

Para que el cambio se escriba de forma permanente en el código, debería contar con el apoyo de la mayoría de los intercambios grandes y este debe ser un soporte público, el software tiene una fecha de activación futura y, con el acuerdo mayoritario, el software es Instalado en aquellos nodos que quieran involucrarse en la horquilla.

Los problemas surgen debido a que este tipo de horquilla necesita un tiempo de espera mayor que el de las horquillas blandas que se activan mediante la potencia de hash. Podría tomar hasta un año, tal vez más, escribir el código y asegurarse de que todos estén listos para ello. Y, si esa mayoría no se alinea y las nuevas reglas no se activan, podrían tomar su poder de hash y dividir la red con eso.

Hasta ahora, esto es solo una idea teórica y aún no se ha implementado.

Capítulo 6: Carteras y Cambios

Una pregunta común gira en torno a dónde almacenar su criptomoneda. Hay quienes quieren almacenarlo en el intercambio que usan para comprarlo y otros abogan por el uso de una billetera. Vamos a ver ambos de estos ahora.

¿Qué es un intercambio de criptomonedas?

Un intercambio de criptomonedas es un sitio web donde usted compra y vende criptomonedas o las cambia por fiat u otras monedas digitales. Si desea convertirse en un comerciante profesional, con acceso a todas las herramientas que necesita para realizar operaciones comerciales, estará utilizando un intercambio y se le solicitará que abra una cuenta y verifique quién es. Esto llevará algunos días porque deberá cargar algún tipo de identificación con fotografía para fines de verificación y también deberá verificar su (s) método (s) de pago. Si solo está interesado en realizar operaciones extrañas, puede utilizar una plataforma de operaciones que no necesita que abra la cuenta primero. Antes de abrir una cuenta de intercambio, compare. Use solo una que sea confiable y verifique qué monedas fiduciarias aceptan, no todas aceptarán su moneda. También verifique los precios comerciales, ya que pueden variar bastante entre los intercambios, al igual que las tarifas a pagar.

¿Debes guardar tu criptomoneda en el intercambio? Esa es una buena pregunta. En algunos casos, es una buena idea almacenar monedas en el intercambio, ya que permitirá el comercio rápido. Sin embargo, solo debes mantener una pequeña cantidad allí; no todo porque siempre existe la posibilidad de que el intercambio pueda ser pirateado, o los propietarios decidan detenerse y desaparecer, llevándose su moneda con ellos. Recientemente, el intercambio BTC-e se cerró porque el propietario del intercambio fue arrestado por lavado de dinero y todo el dinero contenido en el intercambio pasó al FBI. Si bien los dueños de esas monedas pueden recuperarlas, es probable que esperen hasta que el FBI haya terminado sus investigaciones. Entonces, ¿qué pasa con una billetera?

¿Qué son las carteras de criptomoneda?

Un monedero de criptomoneda es una pieza de software que se utiliza para el almacenamiento de sus claves públicas y privadas. La clave pública es su dirección de criptomoneda, y esto es a lo que se vincula cada transacción que realiza. La clave privada es su contraseña, no puede ser regenerada, así que manténgala segura; Si lo pierde o lo roban, pierde el acceso a todas las monedas almacenadas en su billetera. La billetera es un requisito para el almacenamiento de Bitcoin y otras criptomonedas y hay varias para elegir:

- En línea
- Almacenamiento en frío
- Billetera de papel

En línea se explica por sí mismo; la billetera se mantiene en línea y es muy fácil de acceder, pero está más abierta a la piratería y sus monedas están bajo el control de un tercero, el proveedor de la cartera, y confía en que no hagan un corredor con sus activos. El almacenamiento en frío es seguro ya que está guardando su billetera en una unidad flash USB u otro dispositivo de almacenamiento externo, pero debe estar conectado a su PC antes de poder acceder a ella. El almacenamiento de papel es una copia impresa de las llaves de su billetera y debe guardarse de manera segura. Tenga en cuenta que el papel se degrada con el tiempo y puede quemarse. Debe tener varias copias de su billetera de papel, todas guardadas en lugares separados.

¿Cómo funcionan las carteras?

Millones de personas utilizan las billeteras de criptomonedas en todo el mundo, pero no todas las personas entienden realmente cómo funcionan. No los confunda con ser como la billetera física que lleva ahora, las billeteras digitales no almacenan dinero en ninguna forma. Es justo decir que cualquier criptomoneda que compre no se almacena en ninguna ubicación ni existe en ningún formato físico. En su lugar, son simplemente registros de transacciones que se guardan almacenados en la blockchain.

Una billetera es un programa de software. Sus claves se almacenan en él y se utilizan para interactuar con las cadenas de bloques, de modo que pueda vigilar sus saldos, enviar o recibir criptomonedas o realizar otras transacciones. Cuando le envían Bitcoin u otra criptomoneda, lo que sucede es que firman la propiedad de la moneda en su billetera. Para acceder y gastar esas monedas, la clave privada que ha almacenado en su billetera debe coincidir con la clave pública utilizada para asignar la moneda a su billetera. Si coinciden, todo está bien y la moneda es tuya. No se transfieren monedas, solo registros de transacciones en la cadena de bloques y el aumento del saldo en su billetera.

Entonces, ¿dónde guardas tu criptomoneda? Mucho depende de lo que vayas a hacer con él. Si tiene la intención de hacer un pequeño día de negociación, entonces necesita mantener algo en su cuenta de intercambio. Si está comprando criptomoneda para inversión, entonces la mejor opción es almacenarla en una billetera, preferiblemente fuera de línea o en formato de papel.

Obviamente, lo que haga es su elección, pero tenga en cuenta que su criptomoneda será mucho más segura almacenada en una billetera que en el intercambio. Analice sus pros y sus contras, tome la decisión que más le convenga, pero tenga en cuenta que estamos hablando del dinero que tanto nos ha costado ganar. Desea mantenerlo lo más seguro posible.

A continuación, vamos a ver algunos consejos sobre la inversión.

Capítulo 7: Conceptos básicos de inversión en criptomoneda

Invertir y comerciar en la criptomoneda no es realmente diferente a invertir e intercambiar acciones y acciones, por lo que estos son algunos de los mejores consejos para hacerlo.

Importante: NO trate esto como un consejo profesional para la inversión y el comercio de criptomonedas. Esto no es más que un consejo que puede ayudarlo pero, si desea obtener un asesoramiento financiero adecuado sobre inversiones, debe buscarlo en un asesor financiero adecuado que se especialice en la criptomoneda.

Comencemos simple:

● Siempre use un intercambio y no un intermediario: las tarifas serán más baratas

● Use órdenes limitadas cuando compre y venda a través de intercambios; las tarifas serán más bajas

● Compra barato y vende caro. Observe las tendencias en el precio y espere a que se rompan los máximos antes de comprar.

- No pongas todos tus huevos en una canasta. Distribuye tu dinero un poco e invierte en dos o tres criptomonedas que tengan antecedentes comprobados.
- Stick con Bitcoin, al menos en su mayor parte. Ponga algo de dinero en otro altcoin pero Bitcoin es un comercio probado en este momento
- No intercambies todo. Retenga algunas monedas en caso de una caída en una moneda y la oportunidad de comprar a un precio bajo.
- A veces, un portafolio diverso y una estrategia de inversión diversa pueden comer sus ganancias tan a menudo como puede contener las pérdidas. Si desea obtener grandes ganancias todo el tiempo, debe tomar algunos riesgos. No ponga todo en una moneda con la esperanza de que vaya a subir; si lo hace, todo está bien; Si no, estás un poco atascado hasta que el precio vuelva a subir.
- No salte a la primera señal de que el mercado se está apagando. Si estás trabajando en una estrategia apégate a ella. El mercado ocasionalmente saldrá de

la escala tanto en términos de subidas como de caídas y, aunque podría tener sentido comprar o vender en ese momento, no cambie su estrategia completa sin pensarlo detenidamente.

● Mantenga los ojos bien abiertos para las estafas; Hay algunos en el mundo de la criptomoneda. Si una moneda o cambio de moneda o billetera no tiene buena reputación, evítela.

● Nunca invierta más dinero del que puede permitirse perder cómodamente. Si bien el precio de Bitcoin se ve muy bien en este momento, eso es solo desde el punto de vista de ventas. Comprar a los precios de hoy no significa que no obtendrá ganancias, pero las posibilidades ya no son tan altas como antes.

● Toma tus ganancias. Este es un tipo de estrategia conservadora porque, cuando obtiene sus ganancias, gana menos que si los hubiera dejado para montar. Si sus ganancias son buenas, elimínelas de la ecuación y espere a que los precios bajen nuevamente.

● Establezca una orden de paro después

de comprar su criptomoneda. Esto creará una orden de mercado para cuando se alcance el precio y, si bien significa ser golpeado con tarifas y deslizamientos, también significa que su riesgo es más fácil de calcular.

● Mantenga un ojo en las noticias de criptomoneda; ¿Un país u otro acaba de prohibir el uso de las criptomonedas? ¿Va a pasar un tenedor en Bitcoin o Ethereum? Las noticias pueden darle una buena idea de lo que sucederá en un futuro próximo. Cuando Bitcoin se bifurca, todos los titulares obtendrán monedas gratis. Por ejemplo, cuando Bitcoin se bifurcaba en Bitcoin en efectivo, a todos los tenedores de Bitcoin se les daba 1 Bitcoin en Efectivo por cada Bitcoin que tenían. El único inconveniente es que debe estar en la bifurcación en el momento de la fecha de captura o las monedas no serán entregadas.

● No persiga monedas gratis porque un tenedor no vale la pena perder dinero. El dinero de Bitcoin vale unos pocos cientos de dólares, mientras que Bitcoin vale varios miles. Si terminas perdiendo cientos para obtener una sola moneda de dinero de Bitcoin, realmente no vale la pena. No pierdas la calma y mantén tu estrategia lo más lejos que puedas.

● No deposites todo en Bitcoin; existe la posibilidad de que uno de los altcoins pueda adelantarlo a tiempo. Puede que no siempre sea el rey del castillo.

● Aprender el idioma. Por eso, me refiero a los términos comunes asociados con la criptomoneda, como BTC (Bitcoin), ETH (Ether), ICO (Oferta inicial de monedas), límites, intercambios, paradas, billeteras, forks, intercambios de margen, etc. Si entiende el En términos generales, te irá mucho mejor con el comercio.

● Saber cuándo es el momento adecuado para tomar una pérdida. No es divertido perder dinero, pero si, por ejemplo, se está quedando sin Bitcoin y nunca se detiene, podría ser más sensato tomar una pérdida y esperar hasta que el precio sea mejor.

● Siempre sepa en qué está invirtiendo y sepa cuáles son los riesgos. Bitcoin es una inversión altamente especulativa e increíblemente volátil.

● No confundas Bitcoin con la cadena de bloques; Son dos cosas completamente diferentes.

● La moneda fiduciaria no está muerta, y las criptomonedas no son moneda de curso legal en todas partes. Los gobiernos y los bancos no ven las criptomonedas de la misma manera que nosotros y el hecho de estar demasiado atrapados en la locura puede significar que se olvide que los gobiernos no están necesariamente de acuerdo. En este momento, los gobiernos tienen poder y es muy arriesgado Apuesta contra ellos.

● Comprenda las implicaciones fiscales de la criptomoneda antes de comenzar a operar. En este momento, usted paga sus impuestos en moneda fiduciaria. Con la criptomoneda, te encuentras en una situación en la que obtienes una ganancia decente en el papel, pero al final del año estás en Bitcoin pero no aceptaste la pérdida: terminas debiendo dinero en impuestos, dinero que probablemente no tengo

● Lo mismo ocurre con ICOS y Altcoins. En un buen día, los altcoins generalmente siguen a Bitcoin, y, en un mal día, se agotan mientras BTC obtiene las recompensas. Un ICO es un nuevo altcoin y vale la pena invertir en muchos: el oro no fluye de ellos, pero sí lo hace con Bitcoin, así que siempre sea prudente cuando decida invertir en ICO y Altcoins.

● Haga un seguimiento de los precios de sus monedas de criptomoneda utilizando una fuente confiable. Uno de los mejores y más precisos es CoinMarketCap.

Invertir y comerciar en la criptomoneda es un libro en sí mismo; Estos son solo consejos para guiarlo en la dirección correcta y brindarle algo en lo que trabajar.

Capítulo 8: Preguntas frecuentes

Estas son algunas de las principales preguntas frecuentes sobre criptomonedas:

1. *¿Puedo comprar criptomoneda usando PayPal?*

Algunos lugares aceptan PayPal como método de pago, aunque estos son pocos y distantes entre sí. Tenga en cuenta que, con cada uno de los sitios, hay muchos pasos para iniciar sesión y crear sus cuentas. Aunque en este momento solo hay unos pocos lugares, como Cryptonit, E-Coin y Virwox, se están agregando cada vez más y las transacciones de PayPal a Bitcoin se convertirán en un método líder debido a la seguridad mejorada y la credibilidad de cada uno. Acuerdo.

En el lado negativo, el uso de PayPal es un riesgo para comprar y vender Bitcoin u otra criptomoneda debido al riesgo de devolución de cargo. Digamos que usted opta por vender algo de Bitcoin usando PayPal. El comprador le envía el dinero, usted envía el Bitcoin a la dirección provista y, un par de días más tarde, el comprador realiza una devolución de cargo. Ellos recuperan su dinero y el Bitcoin y usted se queda sin nada.

2. ¿Qué es una tasa de hash?

La tasa de hash se refiere a la potencia y la velocidad de su plataforma de minería o de su tarjeta para llevar a cabo y completar una operación en el código de criptomoneda que está minando. Lo que significa es que cuanto más alta sea su tasa de hash de su tarjeta de video o plataforma de minería, más rápido podrá extraer, ya que las cifras se relacionan con la velocidad y la eficiencia.

3. ¿Cómo se obtiene dinero si se trata de una moneda digital?

Es bastante sencillo utilizar la moneda fiduciaria (la moneda de papel de su país) para cambiar por una criptomoneda en el intercambio de su elección. Si está buscando comprar altcoins, primero deberá comprar Bitcoin, aunque algunos también aceptan Eth en el pago. El Bitcoin es la versión digital del USD o el Euro: se reconoce a nivel mundial y puede usar exactamente el mismo método para cambiar su moneda digital de nuevo a moneda fiduciaria. Sin embargo, pagará una tarifa por esto.

4. ¿Qué tan fácil es ganar dinero en criptomoneda?

¿Qué tan larga es una pieza de cordon? Hay varias formas de ganar dinero; el comercio no es la única forma, incluso si es la más popular. Sin embargo, aunque ha habido historias de personas que se han convertido en millonarios de la noche a la mañana, no esperes que te suceda a ti, no a los precios de hoy. Puede intercambiar criptomoneda de la misma manera que lo hace con el recordatorio de que el comercio de criptomoneda es extremadamente volátil y no está regulado.

Puede usar su computadora para extraer la criptomoneda de su elección, aunque no obtendrá mucho de esta manera y le podría costar mucho más de lo que podría esperar. Los mineros serios ahora tienen granjas mineras, cuartos o almacenes llenos de equipos, todos minando simultáneamente, y esto es lo que ha hecho que el mercado se haga público para Joe.

Otra forma de ganar dinero es prestando lo que usted posee de Bitcoin a un sitio que ofrezca margen para intercambiar y ganar un poco, o puede involucrarse en otras actividades proporcionadas por compañías de tecnología que le pagan en monedas. Steemit es el más popular; es similar a YouTube pero recibes Bitcoin por poner contenido en el sitio. Sin embargo, no esperes hacer una fortuna; ¡su pago será en fragmentos de una moneda y puede demorar un tiempo acumular un BTC!

5. ¿Es seguro mi dinero? ¿Qué pasa si la burbuja de activos digitales de repente estalla?

En primer lugar, la burbuja no estallará repentinamente: recibirá muchas señales de advertencia, solo necesita saber lo que está buscando. La explosión de la burbuja afectará a los comerciantes muy fuerte; Si elige comprar Cryptocurrency y almacenarlo en una billetera, no le hará mucho daño porque puede sentarse y esperar a que los precios suban. ¡Mientras tanto, no pierda su clave privada!

La burbuja de la que se habla en este momento es la increíble fluctuación del efectivo en los mercados mundiales y esto está ocurriendo porque los operadores están arrojando toneladas de efectivo con la esperanza de obtener una ganancia decente muy rápidamente. Cuanto más dinero inviertan, mayor será el precio, pero esto es artificial y no todas las altcoins valen ese tipo de inversión. De hecho, algunos ni siquiera obtendrán inversiones pasadas y es muy probable que el dinero que deposite se pierda.

6. Si la criptomoneda es tan buena, ¿por qué no hay más personas involucradas?

Debido a que hay muchas personas que no

confían en algo de lo que no saben mucho o si algo parece ser más geek o técnico, al menos hasta que se convierta en la corriente principal. Piense en los primeros días de internet o de las redes sociales. Le tomó mucho tiempo para que usted sea plenamente adoptado y de confianza para todos, y mire ahora: todos están conectados a la red y las cuentas de las redes sociales se encuentran entre las más grandes del mundo.

La criptomoneda es exactamente la misma. Cuando comenzó, pocas personas confiaban en él, pero ahora millones de personas lo usan. Todos estamos acostumbrados a la basura que obtenemos de nuestros bancos y si alguien dice que puedes ganar dinero con el puño, lo consideras demasiado bueno para ser verdad. El rendimiento promedio del banco o del seguro es de 4-6% cada año; un inversionista un poco más hábil puede obtener el 9% de una cartera, mientras que los mejores pueden llegar al 20%. En la criptomoneda, los rendimientos podrían ser de 20 a 50% cada semana. Si bien eso no es un hecho, es ciertamente posible, pero no mucha gente confiará en eso, todavía.

7. ¿No es la criptomoneda solo un esquema Ponzi?

¿Alguien no puede simplemente tomar su dinero y salir corriendo con él? Sí y no. Hay más de 1000 monedas diferentes y cada día se lanzan más. Si se confunde con el pensamiento de las monedas, considérelas como aplicaciones que tienen un uso específico. Algunos son buenos, otros son basura completa. Si inviertes ciegamente en la basura, es más probable que te atrape una estafa, así que investiga antes de poner tu dinero en cualquier lugar.

8. No tengo ni idea de cómo comerciar, ¿cómo puedo ganar dinero?

Usted puede, porque hay algunos sitios de buena reputación que lo ayudarán a administrar su cartera, aunque por supuesto le cobrarán por ello. El comercio no es para todos; Puede ser difícil y puede llevar mucho tiempo. Usted también necesita entender de qué se trata la cobertura de sus apuestas. La mejor manera de comenzar es unirse a un grupo que reúne dinero y habilidades para una causa, aunque en su mayoría se basan en referencias. Para participar, debes unirte a algunos grupos de chat y foros y comenzar a conocer gente. Como siempre, nunca invierta más de lo que puede permitirse perder cómodamente.

Glosario de criptomoneda

#Ataque del 51%: cuando al menos el 51% de la potencia de cómputo de la red está controlada por una sola persona o grupo, pueden realizar transacciones dañinas con intenciones maliciosas.

A-B

Dirección: un identificador formado por una cadena de caracteres aleatorios que permite que se realicen transacciones de blockchain entre individuos o entidades. Usualmente acompañado de una clave privada para acceder a los fondos.

Altcoin - Criptomonedas o tokens que no sean Bitcoin

Arbitraje: aprovechar al máximo la diferencia de precio en una moneda entre dos bolsas; Usualmente mencionado en el contexto del precio ETH en las bolsas de Estados Unidos y Corea.

ASIC: Acrónimo de Circuito Integrado de Aplicación Específica, estos se hacen SOLAMENTE para la minería y son más baratos en costo de energía que una plataforma de minería estándar. Puede usar Wi-Fi o Ethernet para conectarse a una red o computadora

ATH - siempre-alta. El punto más alto de precio de una criptomoneda.

Portador de bolsa: una persona que se aferra a un Altcoin después de un choque causado por un esquema de bomba y descarga. También puede referirse a una persona que se aferra a una moneda criptográfica cuyo valor está disminuyendo y no tiene una perspectiva real para el futuro.

Bajista: comúnmente denominado mercado bajista en acciones, cuando se espera que el precio caiga

Bit: se usa comúnmente para describir una subunidad del Bitcoin. 1 Bitcoin es igual a 1000 bits

Bitcoin: la primera criptomoneda descentralizada y de código abierto

Bitcoin Cash (BCH): creado en 2017, BCH es una copia de la blockchainde Bitcoin con un tamaño de bloque más alto (8 MB en lugar de 1 MB de Bitcoin); creado después de un tenedor

Block: un registro de datos en la blockchain, más como una página de contabilidad y que contiene detalles de las transacciones pendientes. Cada 10 minutos aproximadamente, cada bloque será confirmado y agregado a la cadena de bloques por los mineros

Explorador de blocks: una herramienta

que se encuentra en línea que le permite ver todas las transacciones de Blockchain y proporciona información como la tasa de hash de la red.

Altura del block: cuántos bloques están conectados en la cadena de bloques

Recompensa de bloque: una recompensa o incentivo para los mineros que pueden calcular correctamente un hash de bloque al realizar la extracción. Cuando se verifican las transacciones, se generan nuevas monedas y el minero recibe un porcentaje de estas como recompensa.

Blockchain: el libro mayor compartido o distribuido donde se almacenan todas las transacciones de criptomonedas. Cada bloque se adjunta al siguiente, creando un registro a prueba de manipulación indebida de cada transacción realizada en una cadena de bloques.

Breakout: el punto en el que el precio de mercado de un activo digital o una moneda criptográfica supera un nivel de resistencia o soporte ya definido.

BTC - El acrónimo oficial de Bitcoin

Bullish - Descrito como un mercado alcista

en acciones, es cuando se espera que el precio aumente

Muro de compra: una orden de compra masiva que impide que el precio del mercado caiga hasta que la orden de compra se haya completado por completo

Presión de compra: esto sucede cuando un alto porcentaje de comerciantes está comprando, un indicador de que esperan un aumento en el precio de mercado.

E-F

EEA: acrónimo de Enterprise Ethereum Alliance, que es un grupo de corporaciones y startups, con algunos nombres muy importantes incluidos, todos tratando de encontrar la mejor manera de cantar Ethereum

ERC-20: un estándar de token de Ethereum que se aplica para garantizar que los tokens se comporten de manera predecible. Debido a esto, se pueden intercambiar fácilmente y funcionarán con cualquier aplicación descentralizada compatible con ERC-20. La mayoría de los tokens ICO cumplen con la norma ERC-20.

Éter (ETH): la moneda utilizada en Ethereum para pagar las tareas y las tarifas de transacción que se basan en el precio y el límite del gas. Estas tarifas se pagan en ETH

Ethereum: una plataforma descentralizada construida sobre la blockchain; se utiliza para ejecutar aplicaciones que utilizan contratos inteligentes y con el objetivo de eliminar los problemas que rodean la interferencia de terceros, el fraude y la censura.

Ethereum Classic (ETC) - Después del muy publicitado ataque DAO, la blockchainEthereum se dividió en una dura bifurcación que se llevó a cabo para recuperar el dinero robado. ETC continúa como la cadena de bloques original con el apoyo de todos aquellos que creen que la cadena de bloques debe ser completamente inmutable y no es compatible con la horquilla dura

EVM: acrónimo de Ethereum Virtual Machine (EVM), que es una máquina de Turing Complete que permitirá que cualquier persona ejecute el código de bytes de EVM. Todos los nodos de Ethereum se ejecutan en esto para garantizar que se mantenga el consenso en toda la blockchain.

Exchange: una plataforma mediante la cual los usuarios pueden cambiar moneda fiduciaria por moneda digital y viceversa.

Moneda fiduciaria: una moneda que tiene poco o ningún valor y es producida por los gobiernos cuando es necesario o cuando el valor debe atenuarse. No cuentan con el respaldo de ningún producto básico, pero son moneda de curso legal. Esta es la moneda que llevas hoy en tu bolsillo.

FinCEN: una agencia del Tesoro de los Estados Unidos, también conocida como la Red de Ejecución de Delitos Financieros. Se inició como una forma de proteger los sistemas financieros del uso ilegal y como una forma de luchar contra los lavadores de dinero. También es responsable de recoger la inteligencia financiera y analizarla. Esta es la principal agencia de EE. UU. Para la imposición de regulaciones en los intercambios comerciales de Bitcoin.

Flipping: una estrategia de inversión en la que se realiza una compra con el único propósito de venderla para obtener un beneficio rápido. En lo que respecta a los ICO, invertir es la inversión de las fichas antes de que lleguen a las bolsas y luego venderlas cuando llegan al mercado secundario.

FOMO - Siglas del miedo a perderse. Esta es una referencia a un sentimiento aprensivo de perder una oportunidad de inversión que tiene el potencial de ser rentable, lo que luego lleva a sentimientos de arrepentimiento más adelante.

Bifurcación: un cambio en el protocolo de criptomoneda que no es compatible con versiones anteriores. Las bifurcaciones tienden a ocurrir cuando los nodos de red crean una versión separada de la blockchain utilizando una versión de protocolo diferente. Este segundo blockchain no es compatible con el software original de blockchain, lo que da como resultado 2 que se ejecutan lado a lado en diferentes secciones de la red.

FUD - Siglas de miedo, incertidumbre y duda. Es cuando se difunde información negativa o falsa, lo que lleva a una percepción falsa de algo.

FUDster - Una persona responsable de difundir FUD

G-H

Gas: la cantidad de potencia de procesamiento que se utiliza para procesar transacciones en la red Ethereum. La cantidad depende de la simplicidad o complejidad de la transacción con los contratos inteligentes entre los más altos en costo

Límite de gas: un término que describe cuánto está preparado un usuario específico para gastar en una transacción en la red Ethereum. Debe haber suficiente gas para ejecutar la transacción, incluidos todos los recursos necesarios y, si queda algo de gas, se devuelve al usuario

Precio del gas: la cantidad en Eth para cada una de las unidades de gas en una transacción. La persona que inicia la transacción paga el precio requerido y hay un **sistema de prioridad:** las transacciones de alto precio se ejecutan primero.

Bloque Genesis: el primer bloque verificado y procesado de cualquier nueva cadena de bloques, a veces llamado Bloque 0 o, en algunos casos, Bloque 1

Going Long - Margen comercial que se

beneficiará si el precio sube

Quedando corto - Margen comercial que se beneficia si el precio baja

Gwei: denominación Éter, la que más se mide en los precios del gas. 10,000,000,00 gwei es igual a 1 Éter

Hard Cap: el máximo absoluto que un ICO elevará; Una vez que llegan a la tapa dura, dejarán de recaudar fondos

Bifurcación dura: una bifurcación que hará que cualquier transacción que sea inválida, válida y aquellas que fueron válidas, se vuelva inválida. Una bifurcación dura requiere que cada nodo en la red se actualice para usar el último software

Cartera dura: un dispositivo físico que almacena su criptomoneda fuera de línea; Considerado en general como la mejor y más segura instalación de almacenamiento.

Tasa de hash: los hashes máximos que realiza un minero en un período específico, generalmente 1 segundo

Hash: algoritmo que convierte datos variables en datos fijos o en una longitud más corta

HODL: un meme que surgió originalmente como resultado de un error de ortografía en un foro de Bitcoin, HODL también se conoce como "Espera para la vida querida" o "Compra y espera". Se refiere a una estrategia de hacer un largo tiempo. Inversión a largo plazo, independientemente de la volatilidad del mercado.

PoS / PoW híbrido: un algoritmo de consenso que utiliza la Prueba de Estaca y la Prueba de Trabajo. Esto proporciona un mejor equilibrio entre los votantes y los mineros y crea un sistema por el cual la comunidad está gobernada por personas internas y externas.

I-K

ICO: una oferta inicial de monedas, muy similar a la oferta pública inicial (IPO) o la oferta pública inicial observada en acciones y acciones. Los ICO están configurados para recaudar la cantidad de dinero requerida para un nuevo proyecto en criptomoneda ofreciendo un número específico de monedas para que el público las compre. Estas monedas se fijan a un precio base y, a largo plazo, ese precio aumentará o disminuirá dependiendo de la oferta y la demanda.

IOTA (MIOTA) - Una criptomoneda y un libro mayor de código abierto distribuido que apareció en 2015, que NO está basado en la blockchain. En su lugar, utiliza Tangle, un nuevo tipo de libro mayor. Las características incluyen no feed, mejor escalabilidad y más seguridad para las transacciones y está casi totalmente enfocada en IoT o Internet of Things.

KYC: acrónimo de Know Your Client y también se usa para conocer a su cliente. Las pautas para KYC establecen que todos los clientes potenciales de cualquier institución financiera deben verificarse para asegurarse de que sean personas reales y que puedan proporcionar verificación de identidad. Esto es utilizado por la mayoría de los intercambios de grandes criptomonedas [G1] [G2] [G3]

Lightning Network: un sistema P2P, fuera de la blockchain y de baja latencia que permite realizar micropagos de criptomoneda. Las características incluyen una mejor escalabilidad, pagos instantáneos, transacciones de costos más baratos y trabajos cruzados. No es necesario que nadie realice una transacción pública en la cadena de bloques y los contratos inteligentes se utilizan para hacer cumplir la seguridad de cada transacción.

Límite de compra / Límite de compra / Límite de venta: estas son órdenes que los comerciantes hacen para comprar y vender cuando el precio de una criptomoneda llega a un punto específico. Son muy similares a los letreros de "Venta" que se ven fuera de la casa y que generalmente se usan junto con las órdenes de mercado.

Liquidez: describe la compra y / o venta de un activo digital junto con el proceso del precio que se mantiene constante entre cada transacción

Litecoin (LTC): otra criptomoneda, creada en 2011, por Charlie Lee, que solía trabajar para Google. Las características incluyen SegWit y el uso de Lightning Network para tiempos de procesamiento más rápidos y de bajo costo. [G4]

Negociación de márgenes: arriesgar las monedas criptográficas que posee para intensificar sus operaciones. NO se recomienda para principiantes, solo para aquellos que tienen mucha experiencia en el comercio. Tampoco debe hacerse en todos los intercambios, solo ciertos

Capitalización de mercado: el valor total de una criptomoneda, calculado mediante la multiplicación del suministro total de monedas por el precio actual de mercado de una unidad.

Capitalización de mercado: valor total de la oferta en circulación de cualquier criptomoneda.

Orden de mercado / Compra de mercado / Venta de mercado - Venta o compra básica de una criptomoneda al precio de mercado actual en una bolsa. La compra del mercado compra la criptomoneda al precio más barato disponible y la venta en el mercado se venderá al precio más alto disponible

mBTC: una denominación de Bitcoin con un valor aproximado de 0.001 BTC o una milésima parte de un bitcoin

MEW - Acrónimo de MyEtherWallet, un sitio en línea gratuito para la generación de carteras de software

Minería: el proceso de verificar las transacciones antes de colocarlas en la blockchain y también es cómo se producen las nuevas monedas. Cualquier persona con el hardware y el acceso a Internet correctos puede buscar la criptomoneda, pero los costos de la energía y el hardware, generalmente requeridos a escala industrial, limitarán quién puede hacerlo, específicamente con Bitcoin.

Granja minera: un almacén o sala grande cargada con plataformas de minería para el procesamiento múltiple de los algoritmos de blockchain

Grupo de minería: un grupo de mineros que combinan su capacidad de cálculo y precios con el mío. Los pagos son más bajos pero más fáciles de conseguir.

Plataforma de minería: una computadora diseñada específicamente para la minería, que contiene muchas GPU de gama alta para la máxima potencia de procesamiento. Muy costosos de comprar, generalmente están fuera del alcance de Joe Public y generalmente son utilizados por granjas mineras

Monero (XMR): una criptomoneda que se produjo en 2014, centrada casi exclusivamente en ser escalable y privada. Se ejecutará en múltiples plataformas, incluyendo Linux, Mac y Windows, así como en Android. Las transacciones no son rastreables a ninguna persona específica o identidad verdadera

Multisig: el término oficial para las direcciones que requieren que varios usuarios utilicen claves públicas para generar una dirección de blockchain. Estos son mucho más seguros y menos propensos a ser hackeados.

N-O

NEM (XEM): referencia a una criptomoneda y una plataforma de administración para una variedad de activos, como registros de propiedad, moneda, cadenas de suministro, etc. Las características adicionales incluyen señales múltiples, cifrado de mensajes y mucho más

NEO: una criptomoneda que apareció en 2014 y también es el nombre del primer blockchain (código abierto) en China. Al igual que Ethereum, NEO facilita los contratos inteligentes y los DaPP pero tiene problemas con la compatibilidad de los lenguajes de codificación.

Nodo: una computadora en la red de blockchain que contiene y mantiene una copia de la blockchain.

Oráculos: estos proporcionan contratos inteligentes con datos, salvando la brecha entre la blockchain y el mundo real.

Presión de venta: esto sucede cuando un alto porcentaje de comerciantes venden, una indicación de que creen que el precio va a bajar

SEPA - Acrónimo de Zona Única de Pago Europea. Se estableció como un sistema de pago de integración de la UE para facilitar los pagos en euros entre países.

SHA-256 - Un algoritmo criptográfico en uso por algunas criptomonedas. A diferencia de Scrypt, Sha-256 usa más poder de procesamiento y toma más tiempo, por lo que hace que sea más rentable para los mineros formar grupos en lugar de intentar explotar solo.

Fragmentación: un método mediante el cual los nodos de red pueden contener una copia parcial de una blockchainen lugar de la blockchain completa. Esto aumenta la velocidad y el rendimiento.

Shill: un individuo que promociona una criptomoneda, más allá de lo que realmente es, porque es probable que sea una estafa

Contratos inteligentes: generalmente se ejecutan en la plataforma Ethereum, aunque ahora aparecen otros, un contrato inteligente es un sistema automatizado en el que dos partes o más colocan sus activos digitales en un contrato para su posterior distribución. El contrato se ejecutará sin tiempo de inactividad porque está automatizado, y solo se completará cuando se active un evento específico. Un ejemplo sería la Parte A que acepta pagar a la Parte B 100 BTC al recibir una clave electrónica para un contrato de alquiler de automóvil. Los 100 BTC se colocan en depósito y solo se liberan al recibir la clave o si tanto la clave como el BTC se colocan en depósito al mismo tiempo, ambos se liberarán en una fecha preestablecida. [G6]

Soft Cap: el mínimo absoluto que un ICO está buscando aumentar. Si no alcanzan esa cantidad, se cancelará el ICO y los fondos recaudados se devolverán a quienes los proporcionaron.

Bifurcación suave: a diferencia de una bifurcación dura, las bifurcaciones blandas significan que las transacciones que eran válidas antes de la bifurcación no son válidas, los nodos de red anteriores considerarán que el anuncio de nuevos bloques es válido y, como tal, la bifurcación blanda es compatible hacia atrás. La mayoría de los mineros de redes necesitarán actualizar al nuevo software para su aplicación

Soft Wallet: software de monedero que almacena criptomonedas en línea, en dispositivos móviles o en computadoras

Solidity: el lenguaje de programación utilizado por Ethereum para contratos inteligentes.

Moneda estable: Criptomoneda que tiene una volatilidad muy baja y puede usarse para negociar contra todo el mercado [G7]

Nivel de soporte: un punto en el que las condiciones del mercado dejan de disminuir el precio

TELEVISIÓN

TA - Siglas de análisis técnico o análisis de tendencias. Esto hace referencia al proceso mediante el cual se examinan los gráficos de mercado actuales para intentar predecir si el mercado subirá o bajará

Testnet: una blockchain desarrollada con fines de prueba para que no desperdicien activos en la cadena de bloques primaria

The Flippening: se espera que ocurra en el futuro, cuando la capitalización de mercado de Ethereum supere la de Bitcoin, lo que convertiría a Ethereum en la criptomoneda más valiosa de todos los tiempos.

Token: lo que permite la creación de redes descentralizadas y de código abierto y también incentivos para que las personas participen en la red. Las fichas se han hecho más populares a través de Ethereum y ahora existen muchas redes de fichas.

Suministro total: la cantidad total de fichas o monedas que existen para un activo digital específico. Esto incluye tanto los que ya están en circulación como los que se han reservado o bloqueado en la red

Volumen de negociación: el total de la criptomoneda negociada durante un período de tiempo especificado

Bloque de transacciones: un grupo de transacciones que se han certificado y se han insertado en un bloque. Estas transacciones se procesan y el bloque se agrega al final de la cadena de bloques.

Tarifa de transacción: cada transacción realizada con criptomoneda atrae una pequeña tarifa. El minero de cada bloque recibe un porcentaje de las tarifas totales del bloque como recompensa.

Turing Complete: una máquina que es capaz de computar todo lo que necesita ser computado. Si cualquier otra máquina programable puede calcularla, la máquina Turing Complete también puede calcularla. El EVM es un ejemplo de esto.

Vitalik Buterin - Uno de los fundadores de la red Ethereum y el más conocido.

Volatilidad: se refiere a los movimientos del precio de una moneda, registrados durante un período de tiempo determinado. Una alta volatilidad significa que el precio es inestable y, aunque puede aumentar rápidamente, también puede chocar con fuerza sin previo aviso.

W-Z

Wallet: una solución de software o hardware para el almacenamiento de claves criptográficas privadas. Estos incluyen clientes de software que le permiten al usuario ver sus transacciones y crear nuevos en la blockchain para la cual está diseñada la billetera. La mayoría de las billeteras están vinculadas a ser utilizadas solo en una cadena de bloques, por ejemplo, Bitcoin o Ethereum.

Wei - La denominación de éter más pequeña conocida, 1000000000000000000 Wei es igual a 1 Éter

Ballena: un individuo o grupo que posee capital suficiente para realizar pedidos masivos que pueden utilizarse para la manipulación del mercado.

Lista blanca: una lista de participantes que han sido aprobados y registrados para participar en un ICO o en una preventa

Libro blanco: un documento que se publica antes de un proyecto. El más conocido es el documento técnico de Bitcoin que se lanzó el año anterior a

Bitcoin y explicó de qué se trataba y cuáles eran sus objetivos.

Transferencia bancaria: un método para enviar fondos electrónicamente de una persona a otra, a menudo se usa como una forma de obtener dinero en efectivo de un intercambio

Zerocoin: un nuevo proyecto con el objetivo de introducir el anonimato real a la red Bitcoin.

Transacción de confirmación cero: una transacción realizada en la red de Bitcoin que se ha enviado a los nodos pero está pendiente de ser procesada en un bloque. A veces se denomina transacciones no confirmadas

Conclusión

Todos sabemos que Bitcoin fue la primera criptomoneda y se mantiene hoy en la cima. Sin embargo, todos sabemos que no es el último, dado el gran número que lo ha seguido y sin duda en algún momento, uno o más de los otros lo derribarán de su posición número uno.

Muchos de los que siguieron se basaron en lo que ofrecía Bitcoin, mejorando los conceptos fundamentales y ofreciendo características más ricas y mucha más funcionalidad, sin mencionar la velocidad. Darkcoin está ofreciendo el anonimato, mientras que el quark ofrece velocidad y seguridad. Ghostcoin nos ofrece una plataforma ligera que no consumirá tus recursos, mientras que Huntercoin ofrece una experiencia basada en un juego. Ethereum ofrece el contrato inteligente, mientras que OmiseGO ofrece un sistema que une billeteras e intercambios para que los pagos y transacciones sean mucho más rápidos y fáciles. Algunos intentan competir directamente con Bitcoin, mientras que otros ofrecen un servicio gratuito. Cualquiera de estos y los cientos de otros tienen el potencial de ser el próximo Bitcoin o podrían simplemente colapsar y quemarse.

La verdadera belleza de la criptomoneda reside en la forma en que permite a los usuarios controlar su propio dinero, realizar transacciones mucho más rápidas en todo el mundo, con menos tarifas que las transferencias tradicionales. Siempre que se utilicen correctamente, cualquiera de estas monedas digitales servirá para el propósito para el que fue desarrollada y, sin duda, muchas de ellas, como Bitcoin, se convertirán en la base de la próxima generación de criptomonedas a medida que los desarrolladores buscan encontrar mejores usos para la blockchain. , formas más rápidas y eficientes de realizar transacciones y formas más seguras de permitirnos convertirnos en nuestros propios banqueros.

Gracias por tomarse el tiempo para leer mi guía; Espero que lo haya encontrado útil y que haya logrado responder cualquier pregunta que pueda haber tenido. Todo lo que queda ahora es que usted determine si es lo suficientemente valiente como para dar el salto.

Parte 2

Introducción

En los últimos dos años se ha visto un creciente interés público y mediático en Bitcoin y otras criptomonedas populares. Esto debido especialmente, al rápido aumento del valor de las principales criptomonedas en los últimos tiempos. Sus precios en alza han convertido a los inversores en criptomonedas en millonarios y multimillonarios. Considere esto: si usted compró un Bitcoin a $ 1000 en enero de 2017 y lo dejó sin tocar, tendría $ 17000 a principios de diciembre de 2017. ¡Eso es un beneficio del 1700%!

Las ganancias supranormales que se obtienen en el mercado de las criptomonedas han llamado la atención del público, y todos quieren involucrarse y hacerse una fortuna. Sin embargo, el mercado de las criptomonedas no está exento de riesgos. Si desea ganar dinero en criptomonedas, necesita tener una buena comprensión de la tecnología que la respalda y cómo podría implementarse en nuestro futuro. Este libro es una guía completa en criptomonedas. Le informará sobre los conceptos básicos, sobre cómo comenzar a invertir y ganar dinero en el mercado de las criptomonedas.

Capítulo Uno: Una Introducción a la Criptomoneda

El 22 de mayo de 2010, un desarrollador de Florida llamado Laszlo Hanyecz anotó su nombre en los libros de historia cuando pidió dos pizzas de pepperoni. No había nada realmente especial acerca de las pizzas. La transacción entró en los libros de la historia debido al modo de pago que Laszlo utilizó por la comida. Laszlo pagó 10,000 Bitcoins por las dos pizzas, por lo que esta fue la primera transacción en la que se utilizó una criptomoneda para pagar una mercancía en el mundo real. En aquel entonces, las criptomonedas eran prácticamente desconocidas. Un Bitcoin valía solo unos centavos en ese momento. Si Laszlo hubiera elegido conservar sus Bitcoins y renunciar a las pizzas, ¡sus Bitcoins hubieran valido más de 190 millones de dólares hoy!
Siete años después de la transacción histórica de Laszlo, las criptomonedas se han convertido en un fenómeno global. Si

bien la mayoría de las personas no comprende los aspectos técnicos de las criptomonedas, todos hablan de ellas. Este libro te llevará al mundo geek de las criptomonedas y te ayudará a entender cómo funcionan y cómo puedes ganar dinero con ellas. Sin embargo, primero debemos responder la siguiente pregunta, "¿Qué es una criptomoneda?"

El término criptomoneda se refiere a cualquier medio de intercambio digital que se basa en la criptografía y el cifrado. Las criptomonedas se basan en las reglas de las matemáticas para regular la producción de nuevas unidades, garantizar la seguridad y prevenir el fraude. El término criptomoneda es una combinación de las palabras criptografía y moneda. Para desglosarlo aún más, una criptomoneda es simplemente un conjunto de entradas en una base de datos digital que solo se puede cambiar una vez que se cumplen las condiciones específicas. Cada unidad de criptomoneda dada se conoce como un token (componente Léxico) o una moneda. Dado que las criptomonedas son de naturaleza digital, no pueden ser impresas por el gobierno como es el caso de la moneda común. Entonces, ¿de dónde vienen? Antes de llegar a la forma en que se producen, primero debemos analizar más a fondo cómo funcionan. Mencioné que las criptomonedas se basan en las reglas de las matemáticas. Antes de que se pueda completar cualquier transacción de criptomoneda, debe ser verificada por una red de computadoras. Estas computadoras verifican la transacción resolviendo complejas ecuaciones matemáticas en un proceso conocido como minería. Al verificar las transacciones, esta red de computadoras mantiene todo el sistema en funcionamiento. A cambio, el sistema crea y otorga nuevas monedas a las computadoras en la red después de un número predeterminado de transacciones. Una cosa que diferencia totalmente las criptomonedas de las monedas ordinarias es que no están respaldadas ni reguladas por ningún banco, gobierno o autoridad central. Para garantizar la rendición de cuentas, las criptomonedas se basan en un sistema público no basado en la confianza conocido como blockchain, (lo explicaré con mayor detalle en el siguiente capítulo) para registrar y verificar las transacciones.

Historia de la Criptomoneda

Para la mayoría de las personas, las criptomonedas son un fenómeno bastante reciente. Antes de la llegada de Bitcoin en 2009, las criptomonedas eran prácticamente desconocidas. Sin embargo, los intentos de crear un sistema de pago digital comenzaron hace mucho tiempo. El fenómeno aparentemente nuevo que estamos viendo en la actualidad es en realidad el resultado de décadas de minuciosa investigación matemática y de experimentos de matemáticos y desarrolladores de pensamiento progresista.

El primer intento registrado de almacenar valor en algo distinto al efectivo ocurrió en la década de los 80, y se debió a la necesidad. Al darse cuenta de la enorme cantidad de dinero en la industria petrolera, los bandidos comenzaron a atacar las estaciones de servicio en zonas remotas de los Países Bajos por dinero en efectivo. Desafortunadamente, las estaciones de servicio no podían cerrar por la noche ya que los camiones necesitaban repostar. Para mantener a raya a los bandidos, a alguien se le ocurrió la idea de poner dinero en tarjetas inteligentes, dando nacimiento al dinero electrónico. En lugar de llevar dinero en efectivo, a los conductores se les emitieron estas tarjetas inteligentes, que luego podrían utilizar para repostar en estaciones de servicio.

Casi al mismo tiempo, un criptógrafo estadounidense llamado David Chaum estaba investigando diferentes formas de crear dinero electrónico. Una de sus principales preocupaciones era que el efectivo electrónico tenía que ser similar al efectivo ordinario, ya que permitiría a las personas realizar transacciones de mano a mano de forma segura y privada. Al mejorar el algoritmo RSA que se había inventado en 1977, a Chaum se le ocurrió una fórmula cegada que permitía el intercambio seguro de información inalterable. Chaum se mudó a los Países Bajos, para entonces un foco de investigación en matemáticas y criptografía, donde se unió a otros entusiastas de la criptomoneda para crear Digicash, la primera invención de dinero en Internet. Al igual que la moneda corriente, la compañía de Chaum controlaba el suministro y el uso de este efectivo digital.

La invención del dinero ciego de Chaum fue muy innovadora y, como resultado, recibió mucha atención de la prensa. La atención de la prensa trajo ofertas muy interesantes para Digicash, con Deutsche Bank, Microsoft y otras grandes corporaciones interesadas en asociarse con Digicash. Sin embargo, después de cometer una serie de pasos en falso y fallar en el Banco Central de los Países Bajos, Digicash terminó en bancarrota en 1998.

Tras la popularidad generada por Digicash de Chaum, muchas otras empresas de nueva creación se interesaron por las monedas digitales. En 1996, un académico aficionado de historia económica llamado Douglas Jackson ideó E-gold, una plataforma en línea que otorgaba a las personas créditos de oro (e-gold) a cambio de depósitos físicos en oro. E-gold fue impulsado por la noción de Jackson de que, dado que su moneda virtual estaba respaldada por oro, sería más fuerte que las monedas fiduciarias, que no están respaldadas por ningún activo físico. E-gold ganó mucha popularidad. Para 2005, la plataforma tenía más de 3.5 millones de usuarios en 165 países. Desafortunadamente, la popularidad de E-gold atrajo a muchos criminales y, como resultado, el FBI la cerró en 2005.

En 1997, un criptógrafo británico conocido como Adam Back ideó el algoritmo de prueba de trabajo (o algoritmo de consenso distribuido) "hashcash" que se convertiría en la base sobre la cual se construyen las criptomonedas de hoy en día. El algoritmo de Back inspiró el sistema que utilizan las criptomonedas de hoy en día para extraer nuevas monedas. En 1998, un graduado en Ciencias de la

Computación llamado Wei Dai desarrolló el funcionamiento de una moneda virtual conocida como b-money. En su libro blanco, Wei Dai propuso muchas de las características asociadas con la criptomoneda actual, incluido el anonimato y la descentralización. Sin embargo, Dai no implementó b-money.

Aún en la búsqueda de una forma viable de efectivo virtual, una compañía de software conocida como Confinity ideó un sistema que permitía a las personas realizar pagos por correo electrónico. Poco después, centraron su atención en permitir que las personas pagaran a los vendedores de eBay a través del correo electrónico, dando nacimiento a PayPal. PayPal obtuvo un éxito masivo y creció hasta convertirse en el actor más importante en pagos en línea.

En octubre de 2008, una persona o grupo de personas utilizando el seudónimo de Satoshi Nakamoto introdujeron Bitcoin, la primera criptomoneda moderna. En 2009, Satoshi extrajo el primer bloque de Bitcoin, dando lugar a una moneda digital que era segura y libre de regulación por parte de cualquier autoridad central. Bitcoin también fue la primera criptomoneda en aplicar el concepto de blockchain. Tras el éxito de la tecnología Bitcoin y blockchain, varios programadores y criptógrafos comenzaron a crear sus propias criptomonedas. En abril de 2011, Vincent Durham creó Namecoin, que agregó algunas características innovadoras a la infraestructura de Bitcoin. En 2012, se creó Ripple, que funciona tanto como una criptomoneda como una plataforma electrónica para transacciones financieras. Peercoin también se lanzó en 2012, introduciendo un nuevo método de seguridad de prueba de participación. Actualmente, existen más de 1500 criptomonedas en el mundo, cuya capitalización de mercado combinada es de más de $ 600 mil millones.

Atributos de una Criptomoneda

Las criptomonedas tienen ciertos atributos que las diferencian de las monedas fiduciarias. Éstos incluyen:

Anonimato: este atributo es una de las razones detrás de la popularidad de las criptomonedas. Las direcciones de monedero (wallet addresses)de las criptomonedas no están vinculadas al nombre o la dirección física de una persona. Esto permite a los usuarios de la criptomoneda hacer transacciones sin tener que revelar su identidad.

Transparencia: las criptomonedas utilizan un sistema no basado en la confianza que se basa en la transparencia. Cada transacción de criptomoneda se registra en un gran libro digital. La información dentro de este libro mayor es públicamente accesible para todas las computadoras en la red. Esto significa que cualquier persona puede ver todas las transacciones y la cantidad de monedas que posee cada dirección de criptomoneda. A pesar de esta transparencia, las direcciones no se pueden utilizar para identificar al propietario de las monedas.

Descentralización: uno de los atributos más revolucionarios de las criptomonedas es que no están regulados ni controlados por ninguna entidad central. En su lugar, las criptomonedas operan en un sistema de delegación, donde el procesamiento y la validación de las transacciones se realizan en todas las computadoras dentro de la red. Debido a su naturaleza descentralizada, ningún gobierno o autoridad central financiera puede influir en las criptomonedas. Su naturaleza descentralizada también significa que las criptomonedas están siempre activas. Si algunas de las computadoras en la red se desconectan, otras simplemente intervienen para llenar el vacío.

Velocidad: otro atributo que ha contribuido a la utilización masiva de las criptomonedas es su velocidad de transacción. Las computadoras en la red solo tardan un par de minutos en verificar una transacción de criptomoneda, lo que le permite enviar dinero instantáneamente a cualquier parte del mundo. Compare esto con los bancos que necesitan varios días para procesar y confirmar transacciones.

Facilidad de configuración: comenzar con las criptomonedas es muy fácil. No hay verificación. Simplemente instale unmonedero de criptomoneda en pocos minutos y estará listo. Compare esto con los bancos, que requieren que pase por una serie de verificaciones antes de poder crear una cuenta bancaria.

Irreversibilidad: a diferencia de las transacciones regulares de dinero, las criptomonedas no tienen reembolsos de cargo. Una vez que se completa una transacción, no se puede revertir.

Ventajas de una Criptomoneda

La aceptación masiva y la popularidad de las criptomonedas en los últimos años se deben a las distintas ventajas que ofrecen las criptomonedas. Algunas de estas ventajas incluyen:

Transferencia instantánea de fondos

Uno de los inconvenientes de los bancos y los sistemas regulares de procesamiento de pagos es que generalmente demora varios días procesar y confirmar los pagos. Las criptomonedas eliminan este inconveniente al permitirle transferir fondos a cualquier parte del mundo en cuestión de minutos. El mismo caso se aplica con los pagos con tarjeta de crédito. Si su empresa acepta pagos con tarjeta de crédito, debe esperar varios días antes de que el dinero llegue a su cuenta bancaria. Con los pagos en criptomoneda, los fondos son accesibles y están listos para ser utilizados inmediatamente una vez que se complete la transacción.

Protección contra el fraude

Uno de los principales desafíos que enfrentan las empresas en línea es el riesgo de fraude. Muchos estafadores de tarjetas de crédito compran artículos en línea y luego reclaman reembolsos de cargo, lo que conlleva a pérdidas para los negocios en línea. Con los pagos en criptomoneda, las empresas están protegidas contra estos estafadores ya que las transacciones en criptomoneda son irreversibles. Las transacciones en criptomoneda deben ser validadas por toda la red antes de que se complete la transacción, eliminando así el riesgo de pagos falsificados. Al pagar por los bienes que utilizan la criptomoneda, los clientes también mantienen su información financiera a salvo de los piratas informáticos que generalmente se dirigen a las pequeñas empresas.

Privacidad

Uno de los atributos de una criptomoneda es que tiene que ofrecer anonimato. Al no vincular información de identificación personal a su monedero de criptomonedas, puede intercambiar dinero con otras personas sin revelar su identidad. Esto es importante cuando desea mantener sus transacciones lejos de miradas indiscretas.

Acceso global

Una gran parte de la población en áreas remotas del mundo no tiene acceso a bancos e instituciones financieras. Sin embargo, la mayoría de la población en estas áreas tiene acceso a dispositivos móviles conectados a Internet. El número de usuarios de teléfonos móviles está programado para exceder los 4,7 mil millones a principios de 2018. Una gran parte de esta población depende de los dispositivos móviles para sus transacciones financieras. La criptomoneda le brinda a esta población la oportunidad de ahorrar su dinero y realizar transacciones financieras en sus propios términos.

Control total sobre sus fondos

Una de las desventajas de un sistema de pago controlado por una autoridad central es que nunca tiene el control total de su cuenta y sus fondos. El banco o compañía tiene la última palabra sobre su cuenta y fondos. Por ejemplo, usted no tiene control sobre su cuenta de PayPal. Si PayPal siente que no está cumpliendo con sus términos y condiciones, tienen el poder de congelar sus fondos sin siquiera consultarle. Con la criptomoneda, nadie ejerce tal poder sobre sus fondos. Usted tiene la propiedad total y el control sobre sus fondos. Nadie tiene acceso a la clave secreta de su monedero, lo que significa que nadie puede perder su dinero.

Cargos por transacción bajos

Otra desventaja de los bancos y las compañías de procesamiento de pagos convencionales es que cada transacción está acompañada por tarifas de procesamiento. Con la criptomoneda, no hay terceros, lo que significa que puede realizar transacciones sin ningún tipo de comisión. Sin embargo, debido a la naturaleza técnica de la criptomoneda, muchos usuarios confían en terceros para mantener sus monederos. Estos terceros definitivamente cobrarán una tarifa por sus operaciones, aunque sus tarifas no son tan altas como la que los bancos le cobrarán.

¿Son las Criptomonedas Dinero Real?

Desde que Bitcoin se introdujo por primera vez en el mundo, ha habido un gran debate sobre si las criptomonedas califican para ser denominadas dinero. El segundo y cuarto argumento ha atraído el apoyo de grandes actores en las industrias de criptomoneda y finanzas. Recientemente, el CEO y presidente de JPMorgan Chase se refirió a Bitcoin como un fraude. Pero, ¿es esto realmente cierto? ¿Las criptomonedas son realmente dinero? Para responder a esta pregunta, necesitamos entender qué es el dinero. El dinero se define por las siguientes propiedades:

Uniformidad: para que algo se denomine dinero, cada unidad de medida debe tener una unidad de compra similar a otra unidad de medida igual. Por ejemplo, un dólar tiene un poder de compra similar a otro dólar.

Portabilidad: para que algo se use como dinero, debe ser fácil de transportar y transferir a otros. Por ejemplo, no puedes usar un saco de papas o una cabra como dinero porque no puedes cargarlas fácilmente.

Divisibilidad: el dinero debe poder dividirse en unidades más pequeñas sin pérdida de valor. Por ejemplo, utilizando el ejemplo anterior, no puede dividir la cabra en unidades más pequeñas sin pérdida de valor.

Durabilidad: el dinero debe ser capaz de soportar el uso repetido: intercambio repetido entre personas, almacenamiento en bolsillos y billeteras, desgaste, etc.

Aceptabilidad: algo solo puede funcionar como dinero si es ampliamente aceptado como un medio de intercambio.

Fungibilidad: Esto significa que una unidad de dinero debe ser esencialmente intercambiable con otra unidad similar sin ganancias ni pérdidas. Esto significa que una unidad de dinero no debe ser superior a una unidad similar. Por ejemplo, un billete de diez dólares puede intercambiarse con otro billete de diez dólares sin ganancias ni pérdidas.

Basándonos en las propiedades anteriores del dinero, ahora podemos deducir si las criptomonedas cumplen con los requisitos del dinero. Las criptomonedas son uniformes, ya que cada unidad de criptomoneda tiene un poder de compra similar a otra unidad igual de la misma criptomoneda. Dado que las criptomonedas existen digitalmente, son extremadamente portátiles. No tienen restricciones de peso y tamaño. Puede almacenarlos en línea, en su computadora o en su teléfono inteligente. Transferirlos a otros es fácil y sin fricción. Compare esto con el papel moneda, que es incómodo y peligroso de llevar en grandes cantidades.

Las criptomonedas tienen una alta divisibilidad, y la mayoría es capaz de dividirse hasta en 8 decimales. A pesar de no tener el mismo nivel de aceptación que el dinero fiduciario, está creciendo constantemente. Actualmente, hay más de 35 millones de monederosde criptomonedas activas. Cientos de miles de empresas también aceptan pagos en criptomoneda. Teniendo en cuenta que la criptomoneda todavía se encuentra en su etapa inicial, su aceptación solo seguirá creciendo.

Las criptomonedas son entradas digitales que no existen físicamente. Esto significa que no enfrentan el riesgo de degradación física. Las criptomonedas no pueden ser destruidas como sucede con el papel moneda. Por lo tanto, siempre que tenga la contraseña de su monederoy lo mantenga seguro, no podrá perder sus criptomonedas. Finalmente, las criptomonedas son altamente fungibles. Puede intercambiar una unidad de criptomoneda por otra unidad similar sin ganancia ni pérdida. Sobre la base de las propiedades anteriores, se hace evidente que las criptomonedas pueden ser utilizadas como dinero real.

Capítulo Dos: Entendiendo la Tecnología Blockchain

Si has escuchado una o dos cosas sobre las criptomonedas, es posible que hayas oído hablar del blockchain o Cadena de Bloques, que es la tecnología que impulsa a Bitcoin y a cientos de otras criptomonedas. Más allá de esta definición común, ¿sabes qué es realmente el blockchain? ¿Sabes cómo funciona?

El blockchain como la conocemos hoy es una ingeniosa creación del inventor seudónimo de Bitcoin, Satoshi Nakamoto. Descrito simplemente, el blockchain es un registro descentralizado público y permanente de transacciones. En otras palabras, el blockchain es un libro de contabilidad público donde las entradas no se pueden modificar una vez que se han agregado. Sin embargo, también está descentralizado. ¿Qué significa esto?

La descentralización significa que no hay una autoridad central a cargo del poder para tomar decisiones. En cambio, esta responsabilidad es delegada a todos los miembros de la organización. Con el blockchain, esta responsabilidad recae en todas las computadoras dentro de la red. Por lo tanto, ninguna entidad puede regular el blockchain. En su lugar, los miembros se relacionan entre sí según las reglas matemáticas que todos deben obedecer. Si se debe tomar una decisión o transacción, todas las computadoras en la red tienen que aceptar que efectivamente ocurrió para que se verifique. Para hacer que el concepto de descentralización sea más fácil de entender, usaré una ilustración.

Tradicionalmente, cuando dos personas querían colaborar en un documento, una persona trabajaba en el documento y se lo enviaba a la otra persona para que pudieran agregarle sus revisiones. En este escenario, la primera persona no puede ver los cambios realizados por la otra persona hasta que se envíe una copia del documento revisado. La primera persona también tendría que esperar a que se devuelva el documento revisado antes de realizar más cambios. Al final, sería una sola persona quien decidía qué versión debería usarse como la versión correcta. Sin embargo, si las dos personas usaran el software Google Docs, ambas tendrían acceso simultáneo al documento. Ambos podrían hacer cambios al mismo tiempo y la última versión del documento estaría disponible para ambos al mismo tiempo.

Tener que enviar el documento para que se realicen los cambios se puede comparar con el funcionamiento actual de las bases de datos. Este es el sistema utilizado por los bancos para procesar saldos de dinero y transferencias. El acceso se bloquea brevemente en un lado, se realiza la transferencia y luego se vuelve a abrir el acceso. elblockchain, por otro lado, puede compararse con la aplicación Google Docs, donde todos tienen el mismo registro de la contabilidad pública en todo momento. No obstante, en lugar de ser compartido entre dos personas, el blockchain se distribuye entre muchas personas. Sin embargo, el blockchain lo lleva un paso más allá. En lugar de que una persona tome una decisión sobre qué documento debe usarse como la versión correcta, todas las personas con acceso al documento deben llegar a un acuerdo sobre la versión correcta. Hacer esto le da alblockchain una robustez similar a la de internet. No puede ser controlado por una sola persona y no tiene un solo punto de falla.

Al igual que la aplicación Google Docs, el blockchain siempre está en un estado de consenso. Se verifica consigo mismo cada pocos minutos y se actualiza automáticamente a la última versión en todos los nodos. Los grupos de transacciones entre cada actualización automática se conocen como un bloque. El constante estado de consenso tiene dos efectos. Primero, mejora la transparencia, ya que todos los miembros de la red pueden ver la última versión de la base de datos. Más importante aún, significa que el blockchain no puede ser dañado. Corromper el blockchain significaría ganar el control de la mayoría de las computadoras en la red. Si bien esto parece posible en teoría, es muy poco probable que ocurra, ya que necesitaría cantidades masivas de poder computacional. Tomar el control del blockchain también destruiría el valor de las criptomonedas.

Una red de nodos

El blockchain está formado por una red de computadoras conocidas como nodos. Estas computadoras ejecutan el protocolo blockchain, lo que les permite enviar y recibir mensajes entre sí. Los nodos pueden unirse voluntariamente a la red. Una vez que un nuevo nodo se une a la red, descarga automáticamente la última versión del blockchain. Estos nodos son uno de los elementos más importantes de cualquier red de blockchain. Una vez que un nodo se une a la red, se convierte en un administrador conjunto en la red. Se le da la responsabilidad de ayudar a verificar cada transacción que se realiza en la cadena de bloques. Después de la verificación, el nodo registra la transacción en un bloque. Esto continúa hasta que se completa un bloque, después de lo cual el nodo lo agrega al blockchain. La posibilidad de ganar monedas recién creadas actúa como un incentivo para que los nodos realicen estas tareas administrativas en la red de blockchain.

Cuando un usuario envía monedas a otro usuario, los nodos comprueban los datos de la transacción para garantizar su validez. Compara los datos de la transacción con su versión del blockchain y determina que las monedas no se han gastado dos veces. En el caso de que el nodo determine que los datos de la transacción no son válidos, automáticamente rechazará la transacción. También rechaza cualquier otra comunicación con el nodo que envió la transacción. Los nodos tienen una relación no basada en la confianza con otros nodos en la red. Por lo tanto, si un nodo envía datos no válidos a los otros nodos, cortan inmediatamente la comunicación con este nodo y lo excluyen de la red.

Sin embargo, si el nodo determina que los datos de la transacción son válidos, la transacción se reenvía a los mineros. Los mineros agrupan las transacciones en función del orden cronológico para formar bloques. Una vez que se completa un bloque, se devuelve a los nodos para su verificación. Toda la validación se realiza mediante nodos, ya que es imposible para ellos propagar información incorrecta. Una vez que los nodos confirman la validez de un bloque, ahora pueden agregarloal blockchain.

La efectividad de la tecnología blockchain se basa en las siguientes tres tecnologías principales:

Criptografía de Clave Secreta (O Criptografía Asimétrica)

El blockchain hace posible que las personas realicen transacciones a través de Internet sin la necesidad de un tercero de confianza. Sin embargo, para que la transacción sea segura, debe existir una forma de confianza. En Internet, la confianza se reduce a dos cosas:

autenticación (prueba de identidad) y autorización (prueba de permisos). En pocas palabras, tiene que haber una forma de verificar que alguien sea quien dice ser y que tiene permiso para hacer lo que sea que esté tratando de hacer.

En el caso de la tecnología blockchain, la confianza se establece mediante el uso de criptografía de clave secreta. La criptografía se basa en las matemáticas para cifrar la información en un código secreto al que no pueden acceder entidades no autorizadas. Para que uno acceda a la información, necesitan una clave para descifrar la información.

Una transacción de criptomoneda básicamente implica que alguien envíe datos cifrados a otra persona. Cada vez que alguien realiza una transacción en el blockchain, la transacción se cifra con claves criptográficas. Para cada transacción, se generan dos claves vinculadas matemáticamente, una pública y una secreta. Para que una realice una transacción cifrada, se necesita la clave pública. Para descifrar la transacción, uno tiene que tener la clave secreta. La clave secreta es la dirección delmonedero de monedas criptográficas, que permite a cualquier persona enviar datos cifrados (las monedas criptográficas) al propietario delmonedero. Sin embargo, para que el propietario reciba las monedas, tienen que descifrar los datos utilizando su clave secreta. La clave secreta muestra que usted es el propietario de la dirección del monedero. La clave secreta también confirma que tiene permiso para realizar transacciones, es decir, que tiene suficientes monedas para realizar transacciones. A través de la clave secreta, el blockchain confirma la autenticidad y la autorización, resolviendo así el problema de la confianza.

Una Red Distribuida

Para que el Blockchain sea efectivo, la autenticación y la autorización no son suficientes. También se necesita una Red de Pares distribuida (Peer to Peer

Network). Esta red ayuda a resolver el problema de la seguridad y el mantenimiento de registros. Para que las transacciones se acepten como válidas, deben ser confirmadas por toda la red. Esto se puede explicar utilizando un famoso experimento mental conocido como "si un árbol cae en el bosque". Sin embargo, nuestro experimento mental será ajustado ligeramente.

Si un árbol cayó en un bosque y hay dos cámaras que registran el evento, entonces podemos estar seguros de que el árbol realmente cayó ya que hay evidencia visual del evento. Sin embargo, si una cámara grabó la caída del árbol mientras que la otra no, no podemos estar seguros de que el árbol realmente cayó. Este es el concepto detrás del valor de la red blockchain. Los nodos dentro de la red son las cámaras en nuestra analogía. Si los nodos están de acuerdo en que el evento ocurrió en un momento determinado, entonces hay certeza de que el evento ocurrió. Para que una transacción se confirme como válida, la mayoría de los nodos deben alcanzar el consenso de que la transacción realmente se realizó. Sin embargo, en lugar de usar cámaras, los nodos usan rompecabezas matemáticos para la validación.

Cuando la criptografía de clave secreta se combina con esta red distribuida, el blockchain se vuelve más efectivo. Una persona, utilizando su clave secreta para probar la autenticidad y la autorización, anuncia a la red que está realizando una transacción, toda la red observa la transacción y confirma que efectivamente ocurrió.

Un incentivo para la seguridad y el mantenimiento de registros

Si bien la combinación de criptografía de clave secreta y una red distribuida parece infalible, tiene un defecto. ¿Por qué los nodos deben esperar para observar y confirmar que efectivamente se ha realizado una transacción? Dicho de otra manera, ¿cómo atrae la red a los nodos para confirmar las transacciones y así asegurar la red? Aquí es donde entra en juego la minería. Al realizar tareas administrativas y garantizar la seguridad de la red, los nodos son recompensados con monedas recién creadas. El interés propio de los nodos se utiliza para el bien público.

Capítulo Tres: Diferentes Tipos de Criptomonedas

Mencione la palabra criptomoneda y la mayoría de la gente pensará instantáneamente en Bitcoin. Para algunos, criptomoneda es un nombre alternativo para Bitcoin. Esto se debe a que Bitcoin fue el creador de la tendencia, líder entre una creciente ola de criptomonedas basadas en una red P2P descentralizada. Sin embargo, hay más en criptomonedas que solo Bitcoin. Hasta el momento, hay más de 1500 tipos diferentes de criptomonedas. Muchos más se están introduciendo al mercado cada día. Dado que Bitcoin se identificó como líder en el mundo de las monedas criptográficas, las otras criptomonedas se conocen como "altcoins", lo que simplemente significa que son alternativas a Bitcoin. La mayoría de estos altcoins fueron inspiradas por Bitcoin. Muchos usan una variación del protocolo de Bitcoin, con algunos cambios realizados para reflejar su objetivo principal. Sin embargo, no todas las altcoins son variantes de Bitcoin. Algunos desarrolladores han construido sus altcoins desde cero, con su propio marco central distintivo.

A pesar de la existencia de miles de criptomonedas, solo un puñado tiene alguna relevancia. De estas, incluso menos han logrado alcanzar una capitalización de mercado de más de $ 1 millón. En este capítulo, echaremos un vistazo a algunas de las criptomonedas más relevantes.

Bitcoin (BTC)

Esta es la primera y más conocida criptomoneda moderna del mundo. A pesar de que la mayoría de las personas no entienden mucho al respecto, casi todos han oído hablar de Bitcoin. Bitcoin es un sistema de pago digital peer-to-peer (p2p) que facilita las transacciones instantáneas sin tener que pasar por un intermediario. Bitcoin se introdujo por primera vez en el mundo en octubre de 2008, cuando alguien que usaba el seudónimo Satoshi Nakamoto publicó un documento técnico que describía la arquitectura y el método de trabajo de la criptomoneda. En enero de 2009, Nakamoto extrajo el primer Bloque de Bitcoin (denominado Bloque de Génesis), creando así los primeros Bitcoins. Al desarrollar Bitcoin, el objetivo de Nakamoto era transferir el control del dinero de los bancos y los gobiernos a la gente, de la misma manera que Internet transfirió el control sobre la información a la gente.

Los nuevos Bitcoins se crean como una recompensa por la minería, que es lo que mantiene el protocolo Bitcoin en ejecución. El protocolo de Bitcoin está configurado de manera que mantiene la tasa de producción de nuevos Bitcoins alrededor de un cierto promedio. Si se implementa una mayor capacidad de procesamiento para los nuevos Bitcoins, la minería se vuelve más difícil. Si se toma algo de poder de procesamiento de la red, la dificultad de la minería para nuevos Bitcoins disminuye. El protocolo se creó con un límite de 21 millones de Bitcoins, después de lo cual no se lanzarán más Bitcoins.

Bitcoin fue desarrollada para ser un sistema de pago, por lo que las personas pueden usar Bitcoin para comprar bienes y servicios tanto en Internet como fuera de línea. Actualmente, hay cientos de miles de empresas que aceptan pagos con Bitcoin. Además de usar Bitcoin para pagar bienes y servicios, Bitcoin también se puede negociar con otras monedas o se puede mantener como inversión. La tenencia de Bitcoin como un activo de inversión se ha vuelto particularmente popular en 2017, que vio cómo el precio de un Bitcoin subía de menos de $ 1000 a principios de año a casi $ 20,000 hacia fines de año.

Bitcoin se puede dividir en unidades más pequeñas conocidas como milibitcoins, microbitcoins y satoshi. La unidad más pequeña de Bitcoin es el Satoshi (0.00000001), que fue nombrado en honor al misterioso inventor de Bitcoin. Como la primera criptomoneda moderna, Bitcoin es la más fácil de obtener y goza de la más amplia aceptación. Bitcoin también es el más grande, con una capitalización de mercado de más de $ 300 mil millones, que supera la capitalización de mercado combinada de los altcoins en esta lista.

Ethereum (ETH)

Ethereum ocupa el segundo lugar después de Bitcoin en términos de popularidad y capitalización de mercado. Al igual que Bitcoin, Ethereum es una plataforma descentralizada de código abierto que se basa en la tecnología blockchain. Sin embargo, a diferencia de Bitcoin, Ethereum no es una plataforma de pago. En su lugar, es una plataforma que permite a los desarrolladores crear y desplegar varios tipos de aplicaciones descentralizadas basadas en blockchain, que se denominan DApps. Las fichas o monedas del protocolo Ethereum se conocen como Éther. Una de las características más destacadas de

Ethereum son los "contratos inteligentes", que son líneas de código que permiten la transferencia de valor con cero riesgo de fraude o interferencia. Esto significa que, aparte del dinero, los contratos inteligentes se pueden utilizar en la plataforma Ethereum para transferir otros objetos de valor, como acciones, títulos de propiedad y propiedad de automóviles, por mencionar algunos. Ethereum fue creado y lanzado en 2015 por Vitalik Buterin, un joven programador ruso-canadiense.

A largo plazo, Ethereum es mucho más prometedor que Bitcoin. Si bien las dos criptomonedas competidoras dependen de la tecnología blockchain, tienen grandes diferencias en términos de objetivos y capacidades. Bitcoin es estrictamente un sistema de pago, que es solo una aplicación de la tecnología blockchain. En lugar de centrarse en un uso como lo hizo Bitcoin, Ethereum permite a los desarrolladores crear todo tipo de aplicaciones descentralizadas. Esto significa que Ethereum tiene la capacidad de revolucionar todos los servicios y sectores que actualmente están centralizados. Al igual que Bitcoin, el valor de Ethereum ha crecido exponencialmente en 2017. El precio de un éter se ha disparado desde menos de $ 10 al comienzo del año a más de $ 750 hacia el final del año. Hoy, Ethereum tiene una capitalización de mercado de alrededor de $ 83 mil millones.

Hoy en día, hay dos blockchain de Ethereum paralelas, Ethereum (ETH) y Ethereum Classic (ETC). Ethereum Classic se introdujo después de una división que se produjo después de la piratería del proyecto DAO basado en Ethereum en septiembre de 2016, donde se robaron aproximadamente $ 50 millones de dólares de Ether.

Litecoin (LTC)

Litecoin se encuentra entre una de las primeras criptomonedas que se lanzara tras la aparición de Bitcoin. Insatisfecho con los largos tiempos de espera de las transacciones de Bitcoin, un ingeniero de software de Google llamado Charles Lee decidió crear su propia alternativa a Bitcoin, que lanzó en 2011 y llamó Litecoin. Al lanzar Litecoin, el objetivo de Lee era realizar cambios pequeños pero efectivos que mejorarían la eficiencia de Bitcoin y otras criptomonedas que dependían del sistema de verificación de prueba de trabajo (POW).

Uno de los principales cambios que hizo Lee fue la función criptográfica hash utilizada por Litecoin. A diferencia de Bitcoin, que utiliza el hash SHA256, Lee introdujo 'scrypt' en Litecoin. El cambio a "scrypt" permitió a Litecoin procesar y confirmar transacciones más rápidas. Las transacciones de Litecoin se verifican en aproximadamente dos minutos, mientras que Bitcoin puede demorar hasta 10 minutos en verificar las transacciones. Otra ventaja de usar 'scrypt' es que permitía a los usuarios con CPU de grado de consumo buscar monedas, a diferencia de Bitcoin, que requiere que los mineros tengan CPU especializadas para la minería.

Lee mantuvo la escasez incorporada que es característica de Bitcoin. Sin embargo, Litecoin tiene un límite de 84 millones de monedas en comparación con los 21 millones de Bitcoin. Al hacerlo, Lee le dio a Litecoin más liquidez, ya que hay más monedas disponibles para comprar, lo que evita que la acumulación se haya vuelto tan común entre los compradores de Bitcoin. Otra diferencia importante entre Litecoin y Bitcoin es que Litecoin utiliza un protocolo de minería ligeramente diferente, que permite una distribución más justa de las monedas extraídas. Litecoin también permite pruebas más rápidas e implementación de nuevas tecnologías. Por ejemplo, Litecoin fue pionero e implementó la tecnología SegWit (Testigo segregado) mucho antes de Bitcoin. Con todo, Litecoin es una criptomoneda fuerte con una buena reputación y principios económicos sólidos. Litecoin tiene actualmente una capitalización de mercado de alrededor de $ 19 mil millones.

IOTA (IOT)

Los desarrolladores de IOTA lo construyeron con el objetivo de convertirlo en la columna vertebral de Internet of Things (IOT). El Internet de las Cosas se refiere a la red de objetos físicos del día a día habilitados para Internet que utilizan sensores integrados para recopilar y transmitir datos. IOT incluye cosas como automóviles habilitados para Internet, computadoras, electrodomésticos de cocina, microchips, dispositivos de automatización del hogar, dispositivos de hospitales, etc. Al ser la columna vertebral de IOT, IOTA apunta a lograr su llamado de ser el "Libro mayor de todo".

Además de ser la columna vertebral de IOT, IOTA también se desarrolló para resolver algunos de los desafíos que enfrenta Bitcoin, incluidos los problemas de escalabilidad, velocidad y tarifas de transacción. IOTA tiene una diferencia clave entre esta y otras criptomonedas como Bitcoin. Mientras que Bitcoin y la mayoría de las otras criptomonedas se basan en tecnología de blockchain, IOTA se basa en algo conocido como "Tangle". Tangle es un grafo acíclico dirigido (DAG por sus cifras en inglés de *Directed Acyclic Graph*), un tipo diferente de libro mayor distribuido cuyo protocolo es diferente del protocolo blockchain.

Con las criptomonedas basadas en blockchain, la red de computadoras necesita verificar una transacción antes de que se complete. Con el Tangle, la verificación no depende de la red. En cambio, el Tangle se basa en un sistema que requiere que el remitente realice una prueba de trabajo antes de poder realizar su transacción. Al hacerlo, el remitente aprueba dos transacciones, combinando así la transacción y su verificación. Ya que depende del remitente proporcionar la prueba de trabajo, no hay necesidad de mineros.

Esto tiene dos beneficios. Primero, al eliminar a los mineros, Tangle hace que IOTA esté completamente descentralizada.

En lugar de tener jugadores que tengan un efecto en la red sin realmente usarla (los mineros simplemente habilitan la red, pero no la están utilizando), la red IOTA se mantiene únicamente por los "usuarios" que realmente están haciendo transacciones. Segundo, al hacer que el remitente apruebe dos transacciones antes de que puedan realizar su transacción, este sistema hace que el protocolo IOTA sea más rápido. También significa que un aumento en el número de usuarios conduce a una velocidad de validación más rápida. Esto es diferente a lo que normalmente ocurre con otras criptomonedas como Bitcoin, donde un aumento en el número de usuarios ralentiza el tiempo de validación. Como no hay mineros, los usuarios tampoco tienen que pagar ninguna tarifa por mantener la red. IOTA ha experimentado un crecimiento positivo en 2017, con un aumento de capitalización de mercado de $ 11 mil millones a finales de 2017.

Ripple (XRP)

Ripple es una plataforma que fue diseñada para permitir liquidaciones globales en tiempo real, así como para actuar como una red de cambio de divisas y remesas. Los tokens Ripple no deben utilizarse como medio de pago de bienes y servicios. En cambio, la red fue diseñada con el objetivo de permitir conversiones instantáneas entre diferentes monedas fiduciarias sin tener que depender de un intercambio central. Desde su lanzamiento en 2012, varios bancos han adoptado Ripple como una forma rentable de procesar pagos internacionales.

A diferencia de muchas criptomonedas, Ripple no se construyó como una variante de Bitcoin. En cambio, sus desarrolladores lo construyeron desde cero e incorporaron algunos cambios importantes en su arquitectura. A diferencia de la mayoría de las criptomonedas que utilizan un sistema de prueba de estaca o de trabajo para verificar las transacciones, Ripple utiliza un sistema de consenso único en el que las computadoras de la red siguen supervisando cualquier cambio. Una vez que la mayoría de las computadoras en la red observan una transacción, se agrega al libro mayor público. El sistema de consenso tiene una serie de ventajas sobre la prueba de trabajo o la prueba de sistemas de estaca. Las transacciones verificadas bajo el sistema de consenso se validan más rápido y requieren menos poder de procesamiento. Si bien puede parecer que los hackers pueden comprometer el sistema de consenso, está diseñado de tal manera que la red rechaza cualquier resultado no confiable.

Dado que la red Ripple está destinada a facilitar las conversiones de moneda cruzada, las Ripples se pueden intercambiar por una amplia gama de monedas fiat y altcoins. Algunas empresas también permiten que los clientes intercambien Ripples por millas aéreas y puntos de recompensa. A diferencia de los altcoins como Ether y Litecoin, que se venden en los intercambios de criptomonedas, hay que pasar por

Gateways (Puertas de Enlace) para comprar Ripples. Las puertas de enlace funcionan de la misma manera que funciona PayPal. Ripple actualmente tiene una capitalización de mercado de alrededor de $ 30 mil millones.

Dash (Dash)

Dash es una criptomoneda desarrollada por Evan Duffield y Kyle Hagan. Lanzado en 2014, originalmente se conocía como Darkcoin. Después de un año de existencia, cambió su nombre a Dash, que es la versión abreviada de Digital Cash. Al desarrollar Dash, Kyle y Evan querían crear una criptomoneda totalmente secreta y anónima. La mayoría de las criptomonedas no son totalmente anónimas. Aunque las direcciones no están vinculadas a información de identificación personal, la red conoce el número de monedas dentro de cada dirección y cualquiera puede realizar un seguimiento de las monedas a medida que pasan de una dirección a otra.

Esto hace posible que alguien conozca la identidad de los usuarios que no toman medidas para proteger su identidad. Para mantener a los usuarios en el anonimato, Dash utiliza una red descentralizada de código maestro que hace que las transacciones de Dash sean prácticamente imposibles de rastrear.

El alto nivel de anonimato ofrecido por Dash está habilitado por un sistema conocido como Darksend. Con este sistema, las computadoras especializadas conocidas como códigos maestros recolectan varias transacciones y las ejecutan simultáneamente, manteniendo así la transacción imposible de rastrear. Se vuelve imposible rastrear el origen y destino de las monedas. Para que sus transacciones sean aún más anónimas, puede elegir que los códigos maestros mezclen su transacción en varias rondas antes de completar la transacción. Para mantener este anonimato, el libro mayor de Dash no es de acceso público. El alto nivel de anonimato también ha impedido una amplia aceptación por parte de las empresas.

Otra característica distintiva de Dash es su algoritmo de hash. En lugar de usar el SHA256 o el hash scrypt, Dash usa un hash X11 único que requiere menos poder de procesamiento, lo que permite a los usuarios con CPU de grado de consumo buscar monedas Dash. Otras ventajas notables de Dash incluyen su rápida verificación de transacciones de aproximadamente 4 segundos y las bajas tarifas de transacción. Sin embargo, es probable que las tarifas aumenten una vez que más personas se unan a la red. Dash también tiene un sistema de votación para permitir la rápida implementación de cambios importantes. Con un tope de alrededor de $ 9 mil millones, Dash también tiene un precio excepcionalmente alto por moneda para altcoins.

Monero (XMR)

Monero es otra criptomoneda que, al igual que Dash, se centra en la privacidad y el anonimato. Monero fue lanzado en 2014 por un equipo de 7 programadores, 5 de los cuales eligieron permanecer en el anonimato. Debido a sus características de anonimato, rápidamente ganó popularidad entre los entusiastas de la criptomoneda. Como la mayoría de las otras criptomonedas, Monero es totalmente de código abierto. El desarrollo de la plataforma es impulsado por la comunidad y las donaciones. Monero se basa en un protocolo de criptografía particularmente fuerte conocido como "CryptoNote". También utiliza un hash único conocido como "CryptoNight". Para garantizar un completo anonimato y privacidad, Monero utiliza la técnica de "firmas de anillo". Esta técnica es una versión digital de firmas grupales. Cada transacción en la red de Monero está envuelta por un grupo de firmas criptográficas. De esta manera, es imposible identificar el remitente o el destinatario real en la transacción. Incluso con la dirección de la billetera de una persona, es imposible ver la cantidad de monedas en la billetera o hacer un seguimiento de dónde se gastan. Esto significa que es imposible que las monedas de Monero se contaminen como resultado de transacciones dudosas anteriores.

Las transacciones de Monero se verifican utilizando el mismo sistema de prueba de trabajo que utiliza Bitcoin. Sin embargo, una diferencia importante entre Bitcoin y Monero es que mientras que los tamaños de bloque de Bitcoin están limitados a 2MB, no hay limitación en los tamaños de bloque de Monero. La falta de tamaños de bloque limitados presenta el riesgo de que los mineros malintencionados utilicen bloques desproporcionadamente grandes para obstruir el sistema. Para garantizar que esto no suceda, el sistema tiene un método de penalización de recompensa de bloque incorporado. Esto significa que cada vez que un minero explota un nuevo bloque que excede el tamaño promedio de los últimos 100 bloques, su recompensa de bloque se reduce dependiendo de cuánto exceda el nuevo bloque el tamaño promedio de los últimos 100 bloques. La actual capitalización de mercado de

Monero es de $ 5 mil millones.

Neo (NEO)

Neo es una criptomoneda china que fue fundada por Erik Zhang y Da Hongfei. Neo está diseñada para ser una plataforma de economía inteligente, como Ethereum. Incluso se ha denominado "Ethereum de China". Neo fue lanzada por primera vez bajo el nombre de Antshares. En agosto de 2017, cambió su nombre a NEO Smart Contract Economy. El objetivo de NEO es muy similar al de Ethereum. NEO proporciona una plataforma donde los desarrolladores pueden crear aplicaciones descentralizadas e implementar contratos inteligentes. A diferencia de Ethereum, que solo es compatible con su lenguaje de programación Solidity, NEO se puede utilizar con lenguajes de programación comunes como C #, Python y Java.

Una de las diferencias clave entre NEO y Ethereum reside en el sistema de verificación utilizado por cada uno de ellos. Mientras que Ethereum utiliza una combinación de prueba de verificación de estaca o prueba de trabajo, NEO se basa en un sistema de consenso denominado Tolerancia Delegada ante falla bizantina (dBFT por sus siglas en inglés de*Delegated Byzantine Fault Tolerance*). En este sistema, en lugar de que todas las computadoras del sistema participen en la verificación, ciertos nodos se designan como contadores. Depende de estos contadores verificar los bloques antes de agregarlos a la blockchain. Si dos tercios o más de las computadoras en la red están de acuerdo con la versión del contable, se logra el consenso y el nuevo bloque se valida y se escribe en el blockchain. Si no se puede lograr un consenso, se llama a otro contable y se repite todo el proceso.

Debido a que el consenso bajo el sistema de DBFT solo necesita ser alcanzado por un subconjunto de la red, este sistema requiere menos potencia de procesamiento y permite que la red maneje un mayor volumen de transacciones. NEO afirma que es capaz de manejar más de 1000 transacciones por segundo, mientras que Ethereum solo maneja 15 transacciones por segundo. El sistema de DBFT también elimina la posibilidad de una bifurcación dura, lo que hace de NEO una excelente opción para digitalizar activos financieros del mundo real. La capitalización de mercado actual de NEO es de aproximadamente $ 4 mil millones.

OmiseGO (OMG)

OmiseGO es una criptomoneda que últimamente ha ganado mucha popularidad entre los entusiastas de la criptomoneda. Lanzada en 2013, es un proyecto interesante pero muy ambicioso cuyo objetivo es utilizar tecnología financiera basada en Ethereum para desbancar a los bancos. OmiseGO se basa actualmente en la plataforma Ethereum como un token ERC20, aunque eventualmente lanzará su propioBlockchain. La visión de OmiseGO es convertirse en la principal plataforma de intercambio de criptomonedas p2p. En lugar de ser solo un altcoins, OmiseGO está diseñada para actuar como una plataforma financiera con el objetivo de desbaratar el sector financiero como lo conocemos actualmente.

OmiseGO tiene como objetivo resolver un desafío que la mayoría de los intercambios de criptomonedas no han podido abordar. Para comprar una criptomoneda en la mayoría de los intercambios de criptomonedas, debe comenzar con una moneda fiduciaria. Para intercambiar un altcoin por otro, debe convertir los altcoins a fiat o Bitcoin y luego convertir el fiat / Bitcoin de nuevo a los altcoins que desee. A lo largo de este proceso, el intercambio cobra tarifas por cada transacción. Esto significa que usted pagará tarifas para convertir las primeras monedas alternativas a fiat / Bitcoin y pagar las tarifas nuevamente para convertir las fiat / Bitcoin a las segundas monedas alternativas.

OmiseGO planea resolver este problema

vinculando todoslos monederos de criptomonedas existentes a una blockchain OmiseGO central. De esta manera, los usuarios pueden intercambiar fácilmente altcoins por otros altcoins sin tener que convertirlos a fiat o Bitcoin. Esto significa que en lugar de tarifas múltiples, los usuarios solo pagarán una tarifa pequeña.

OmiseGO también tiene como objetivo llevar la descentralización a los intercambios de criptomonedas. Actualmente, la mayoría de los intercambios son operaciones centralizadas. Los registros de todas las transacciones, así como los datos sobre diferentes usuarios, se almacenan en bases de datos que se almacenan en los servidores de la empresa. OmiseGO tiene como objetivo descentralizar la funcionalidad de intercambio al tener toda la información de las transacciones y los datos del usuario almacenados en la blockchain. De esta manera, los datos son más seguros ya que un pirata informático necesitaría realizar un ataque del 51% (que obtiene el control de más del 51% de las computadoras en la red) para violar la blockchain, lo cual es prácticamente imposible. OmiseGO tiene actualmente una capitalización de mercado de alrededor de $ 1 mil millones.

NEM (XEM)

NEM es una revolucionaria criptomoneda que se lanzó en marzo de 2015. A diferencia de muchas otras criptomonedas creadas como variantes de proyectos existentes, NEM se construyó desde cero, con su propio código fuente único. NEM deriva su nombre del Nuevo Movimiento Económico, el grupo que creó la criptomoneda. NEM está diseñada como una tecnología basada en blockchain que puede personalizarse para adaptarse a diferentes propósitos comerciales. El núcleo del protocolo de NEM es lo que se conoce como el 'Sistema de Activos Inteligentes'.

Dado que NEM puede personalizarse para adaptarse a múltiples casos de uso, tiene usos potenciales ilimitados. Se puede utilizar como un libro de contabilidad central en el sector bancario, un medio para mantener registros seguros, un sistema de votación basado en blockchain, un servicio de depósito en garantía, como un medio para recompensar puntos en programas de lealtad, fondos colectivos, propiedad de acciones, etc. Esto demuestra cuánto potencial tiene NEM.

A diferencia de la mayoría de las plataformas de criptomonedas, NEM tiene una plataforma de mensajería. También tiene un sistema de recompensa y soporta transacciones multi-sig. Una de las diferencias clave entre NEM y otras criptomonedas es el método de verificación. En lugar de la prueba de trabajo o la prueba de participación, NEM se basa en un sistema único de prueba de importancia donde las oportunidades de cálculo de bloque se asignan en función de la contribución de un usuario al desarrollo y la distribución de la plataforma. Los usuarios que hacen una gran contribución son recompensados con más oportunidades. Esto permite una distribución justa de oportunidades mineras entre los usuarios.

La red NEM es rápida, con un tiempo de espera de verificación de transacción de aproximadamente un minuto. Esto significa que puede confiar en NEM para realizar transferencias de dinero globales instantáneas. Con el sistema de prueba de importancia, los usuarios no necesitan hardware costoso para extraer monedas NEM. La capitalización de mercado de NEM actualmente es de alrededor de $ 8 mil millones.

Capítulo Cuatro: Como Mantener su Monedero Adecuadamente y Segura

En el último año, los inversores, la banca, los medios de comunicación y el público en general experimentaron un enorme crecimiento del interés por las criptomonedas. Este interés ha llevado a una carrera alcista sin piedad en el mercado de la criptomoneda, registrándose un aumento significativo en el valor de todas las criptomonedas más populares. En 2017, el valor de un Bitcoin aumentó de menos de $ 1000 en enero a casi $ 20000 hacia el final del año, mientras que el valor de Ethereum aumentó de menos de $ 10 a más de $ 750 en el mismo período. Con la mayoría de las otras criptomonedas populares viendo incrementos similares en valor, no es de extrañar que la criptomoneda esté atrayendo el interés indeseado de los piratas informáticos. En este capítulo, veremos cómo puede mantener su monedero de criptomonedas a salvo de piratas informáticos.

¿Qué es un Monedero de Criptomonedas?

En la vida real, normalmente guardas tus billetes en una billetera. Del mismo modo, antes de comprar una criptomoneda, necesita tener unmonedero para guardar sus monedas. A diferencia de unmonedero normal, unmonedero de criptomonedas no es un objeto físico. Es básicamente un programa de software que le permite recibir, enviar y controlar el saldo de sus monedas criptográficas. El monedero consta de dos "claves", una clave pública y una clave secreta. La clave pública es su dirección de monedero. Esto es lo que otras personas usan para enviarle monedas. La clave secreta es lo que le permite enviar sus monedas a otros. Para enviar sus monedas, en realidad está firmando la propiedad de las monedas con su clave secreta.

Para facilitar la comprensión del concepto

de claves públicas y secretas, usaré una ilustración. Su dirección pública es como una máquina expendedora. Cualquiera puede poner dinero en una máquina expendedora. Del mismo modo, cualquier persona con la clave pública de su monedero puede enviarle dinero. Sin embargo, para obtener dinero de la máquina expendedora, el propietario necesita una clave real para la máquina. Sin la llave, nadie puede sacar el dinero de la máquina. Esto está representado por su clave secreta. Para acceder y usar el dinero en su monedero de criptomonedas, necesita la clave secreta. Cualquier persona con su clave secreta puede acceder y gastar sus monedas. Los hackers roban tus monedas robando tu clave secreta. Es importante tener en cuenta que la cartera de criptomonedas no almacena realmente sus monedas, solo almacena las claves que necesita para enviar y recibir las monedas. Cuando envías o recibes monedas, en realidad no se intercambian monedas. En cambio, la transacción es simplemente un registro en la blockchain que cambia el saldo en su monedero de monedas criptográficas.

Eligiendo un Monedero

Hoy en día, hay una amplia variedad de monederosde criptomonedas para elegir, lo que hace que elegir la correcta sea un desafío, especialmente si recién está comenzando con la criptomoneda. Tomar la decisión correcta se reduce a lograr un equilibrio entre la seguridad de sus monedas y la conveniencia. Para facilitar la elección, debe considerar las siguientes dos variables: valor de transacción y volumen de transacción. El valor de transacción es la cantidad de monedas que necesita para realizar transacciones a la vez, mientras que el volumen de transacciones se refiere a la frecuencia con la que deberá enviar o recibir monedas en un período de tiempo determinado. No hay una cifra absoluta para estas dos variables. Son relativos y variarán para diferentes personas.

Echemos un vistazo a los diferentes tipos

de monederos y cómo las variables anteriores influyen en qué monedero debe usar.

Monederos en Línea

También conocidos como monederos en la nube, son las más sencillas de usar y también son muy convenientes. Los monederos en línea almacenan sus llaves online. Si pretende tener un volumen y valor de transacciones bajos, un monedero en línea es una excelente opción. Esto significa que debe optar por un monedero en línea si tiene la intención de almacenar cantidades bastante pequeñas de monedas y realizar relativamente pocas transacciones. Si bien el término "bajo valor de transacción" es relativo, solo debe guardar sus monedas en un monedero en línea si se siente cómodo caminando con una cantidad similar de dinero en sus bolsillos en la calle. El acceso a un monedero en línea solo requiere una dirección de correo electrónico y una contraseña, lo que los hace bastante fáciles de usar. Dado que se puede acceder a ellos desde cualquier ubicación con conexión a Internet, también son muy convenientes. Sin embargo, dado que almacenan sus claves en Internet, los monederos en línea son los más vulnerables a los ataques de piratería. Debe asegurarse de que su monedero en línea tenga una contraseña muy segura para mantener sus monedas fuera de su alcance.

Monederos Móviles

Los monederos móviles también son muy fáciles de usar y son los más cómodos también. Estos son una buena opción para alguien que tiene la intención de enviar o recibir con frecuencia cantidades bajas de criptomoneda. Por ejemplo, alguien que con frecuencia realiza pagos en criptomonedas para obtener acceso a las plataformas de juego en línea debe considerar el uso de un monedero móvil.

La comodidad de los monederos móviles se debe a que la mayoría de las personas siempre llevan consigo sus teléfonos inteligentes. Esto les permite hacer pagos de criptomoneda en el lugar. Los monederos móviles ofrecen una mejor seguridad en comparación con las monederos en línea. Para evitar perder el acceso a sus monedas en caso de que pierda su teléfono, debe anotar su Frase Semilla (Seed Phrase) en un pedazo de papel y mantenerla segura.

Monedero de Papel

Los monederos de papel tienen un buennivel de seguridad. Sin embargo, son los menos convenientes de usar. Como tal, solo debe considerar una monedero de papel si tiene la intención de almacenar grandes cantidades de criptomoneda al hacer relativamente pocas transacciones. Para garantizar la máxima seguridad para sus monedas, debe configurar su monedero de papel usted mismo en lugar de confiar en un servicio en línea. Una cosa que debe tener en cuenta sobre los monederos de papel es que no puede gastar sus monedas directamente delmonedero de papel. Para gastar las monedas, debe importar su clave secreta a otromonedero. Si no tiene cuidado durante este proceso, puede negar todas las precauciones que tomó al configurar elmonedero de papel.

Monedero de Hardware

Los monederos de hardware ofrecen el más alto nivel de seguridad. También son bastante convenientes. Esto los convierte en una excelente opción si tiene la intención de realizar transacciones de alto valor de vez en cuando. La mayoría de los monederos de hardware parecen unidades flash USB. Sin embargo, a diferencia de las unidades flash, no tienen ningún espacio de almacenamiento para sus medios y otros archivos. En su lugar, están equipados con un chip especializado que almacena la clave secreta de su monedero. Esto les permite mantener sus monedas seguras incluso en el caso de que una persona maliciosa obtenga acceso a su computadora. Los monederos de hardware requieren una contraseña para acceder a la clave secreta del monedero, lo que mantiene sus monedas seguras incluso en caso de que alguien logre robar su monedero de hardware. Como es el caso de Los monederos móviles, debe anotar su frase semilla en un pedazo de papel y mantenerla segura. Esto le permite recuperar sus monedas si su monedero de hardware se pierde o se daña. A diferencia de los otros tipos de monederos que son gratuitos, usted tiene que pagar por una monedero de hardware.

Características Deseadas de su Monedero de Criptomoneda

Además de considerar el valor de la transacción y el volumen de la transacción, al elegir el tipo de monedero que necesita, hay otros factores que debe tener en cuenta a la hora de elegir elmonederoideal. Estos son:

Costo: algunos monederos son gratis, mientras que usted tiene que pagar por otros. ¿Estás dispuesto a gastar dinero para mantener tus monedas seguras?

Seguridad: ¿La compañía que proporciona el monedero tiene un historial de seguridad excelente? ¿Ha habido alguna violación de seguridad dentro de la empresa?

Movilidad: ¿Puedes acceder a tu monedero desde cualquier lugar, en cualquier momento?

Facilidad de uso: ¿Elmonedero tiene un diseño intuitivo? ¿Es compatible con diferentes tipos de criptomoneda?

Conveniencia: ¿Puede hacer una transacción rápida fácilmente cuando la necesita?

Estilo: Esto es principalmente para personas que buscan artilugios geniales.

Idealmente, un excelente monedero de criptomonedas debe tener una combinación de los rasgos anteriores, según sus necesidades y preferencias personales. A continuación se presentan algunos monederos populares que puede considerar:

Bread Wallet: este es un simple monedero móvil que se puede descargar desde la App Store. Bread Wallet hace que el proceso de envío de Bitcoins sea tan simple como enviar un correo electrónico. Este monedero es un cliente independiente, lo que significa que almacena sus claves en su teléfono y no en ningún servidor. Bread Wallet ofrece una buena privacidad y seguridad, tiene un diseño limpio, intuitivo y ligero y es de uso gratuito. Sin embargo, Bread Wallet solo soporta Bitcoin.

Mycelium: este es un monedero móvil Bitcoin sólido y seguro que es más adecuado para usuarios avanzados. El monedero está disponible tanto para dispositivos Android como iOs y brinda a los usuarios control total sobre sus Bitcoins. Mycelium incluye seguridad a nivel empresarial y ofrece funciones avanzadas como copias de seguridad cifradas en PDF, almacenamiento en frío, chat seguro, un mercado comercial local, un escáner de códigos QR integrado y muchos más. Este es uno de los mejores monederos móviles de Bitcoin disponibles.

Exodus: este es un monedero digital relativamente nuevo que actualmente solo funciona en PC. Exodus tiene una interfaz intuitiva y hermosa que es muy fácil de usar. Exodus te permite almacenar e intercambiar Bitcoins, Litecoins, Dash, Ether, Dogecoins y varias otras altcoins. Una de las características clave de Exodus es que tiene un intercambio Shapeshift integrado que le permite intercambiar altcoins dentro de la aplicación. El Exodus es de uso libre.

Copay: Este es un gran monedero digital gratuito que está disponible en línea, en el móvil y en la PC. Copay tiene una interfaz fácil de usar que es cómodo para principiantes, aunque también tiene un conjunto de características geek que impresionarán a los usuarios avanzados también. Una de las mejores características de Copay es que admite transacciones multi-sig.

Jaxx: este es otromonedero popular que admite varias criptomonedas, como Bitcoin, Ether, Ether Classic, Zcash, REP, Rootstock, DAO, Dash y Litecoin. Jaxx es compatible con varias plataformas, incluidas Windows, OSX, Linux, Android e iOS. También está disponible en línea a través de las extensiones de Chrome y Firefox. Al igual que Exodus, también tiene un intercambio Shapeshift integrado.

Armory: este es un monedero de escritorio de código abierto que se centra exclusivamente en la seguridad. Cuenta con un impresionante conjunto de características de seguridad que les encantarán a los usuarios avanzados, que incluyen almacenamiento en frío, copias de seguridad imprimibles por una sola vez, soporte para transacciones multi-sig, transacciones de monedero resistentes a GPU, interfaz de múltiples monederos, importación y barrido de claves y muchos más. Sin embargo, estemonedero no es muy adecuado para los principiantes. Armory soporta solo Bitcoin.

Trezor: Este es uno de los mejores monederos de Bitcoin de hardware. Trezor está diseñado para ser resistente a los malwares. Viene con una interfaz intuitiva que es compatible con Windows, Linux y OSX. Trezor ofrece una gran seguridad, pero tiene que pagar $ 99 por elmonedero.

Ledger Nano: este es otromonedero de hardware multi-sig que usa una segunda capa de seguridad para eliminar varios vectores de ataque. Ledger Nano admite varias criptomonedas y permite a los usuarios ejecutar aplicaciones de terceros desde el dispositivo. También viene con una pantalla que le permite realizar algunas operaciones sin conectar el dispositivo a una computadora. El Ledger Nano cuesta alrededor de $ 65.

Green Address: este es un monedero de Bitcoin simple,tan fácil de usar que es una excelente opción para aquellos que recién están comenzando con la criptomoneda. Green Address tiene aplicaciones de escritorio y móviles y también está disponible en línea. Estemonedero tiene muchas características de seguridad, que incluyen direcciones multi-sig, copias de seguridad delmonedero de papel, autenticación de 2 factores y confirmación de transacción instantánea. Sin embargo, no tiene control total sobre sus monedas ya que los pagos deben ser aprobados por Green Address.

Blockchain.info: Este es un monedero de Bitcoin en línea muy popular. Para mayor seguridad, Blockchain.info usa autenticación de 2 factores para los navegadoresy la aplicación móvil solicita una contraseña cada vez que se abre. Mientras que su monedero se almacena en línea, Blockchain.info no tiene acceso a sus claves secretas. En general, este es un buemonedero en línea que se ha ganado la confianza en la comunidad de Bitcoin.

Otras Cosas Importantes a Tener en Cuenta al Asegurar sus Monedas

Nunca deje sus monedas en los Exchanges
Esta es una regla que todos los usuarios de criptomonedas deben cumplir. Una vez

que haya comprado sus monedas criptográficas, transfiéralas inmediatamente a su monedero. Al dejarlos en el Exchange, se arriesga a perder sus monedas en caso de que el Exchange se cierre o sea hackeado (como sucedió con MtGox y Cryptsy).

Mantenga sus activos en un monedero donde tenga control sobre las llaves

Quien tenga el control de las llaves de su monedero tiene control sobre sus fondos. Por lo tanto, solo debe almacenar sus monedas en un monedero que le brinde un control total sobre sus llaves. Cuando deja sus monedas en la bolsa o las almacena en monederos en línea que tienen acceso a sus llaves, básicamente está cediendo la responsabilidad de mantener sus monedas a salvo de estos terceros. También debe considerar el uso de una frase de contraseña única para cifrar su monedero para mayor seguridad.

Utilice la autenticación de 2 factores en los Exchanges

Siempre asegure sus cuentas de Exchange con la autenticación de 2 factores. A veces, es necesario transferir sus activos a Exchange cuando necesita realizar transacciones. En tales casos, un pirata informático que ha comprometido su contraseña puede robar fácilmente sus monedas criptográficas. Sin embargo, con la autenticación de 2 factores, también necesitarán su código 2FA antes de iniciar sesión en su cuenta. Dado que estos códigos generalmente se envían a su teléfono por mensaje de texto, sería imposible que un atacante inicie sesión en su cuenta a menos que tenga acceso a su teléfono.

Tenga cuidado al enviar monedas a otros

Al enviar monedas a otro usuario, es muy fácil enviarlas por error a la dirección incorrecta. Debido a que las transacciones en criptomoneda son irreversibles, esto significa que sus monedas desaparecerán para siempre. Para evitar este tipo de ocurrencias, primero debe enviar una pequeña cantidad de criptomoneda a la dirección que desea enviar. Si la transacción se realiza correctamente, puede mover grandes cantidades de criptomoneda con la seguridad de que los está enviando a la dirección correcta.

Siempre tenga copia de seguridad de sus monederos

Mantenga siempre varias copias de seguridad en línea y fuera de línea de sus monederos de criptomonedas. Por ejemplo, Exodus ofrece copias de seguridad en línea que le permiten restaurar su monedero por correo electrónico. También puede usar una unidad flash USB o escribir sus claves privadas en un pedazo de papel y guardarlas en un lugar seguro.

Con todo lo que ha aprendido en este capítulo, debería poder mantener sus monedas a salvo de pérdidas y robos por parte de piratas informáticos malintencionados. También debe recordar siempre la regla de oro de la criptomoneda: quien controla las claves controla los activos.

Capítulo Cinco: Minando Criptomonedas

El término minería de criptomonedas se

deriva del hecho de que las nuevas monedas se crean (extraen) cada vez que se registran nuevas transacciones en la blockchain. La minería es un aspecto esencial de cómo funcionan la mayoría de las criptomonedas. Para que un usuario envíe o reciba monedas criptográficas, el usuario inicia una transacción que luego se transmite a toda la red. Antes de que esta transacción pueda completarse, debe validarse y registrarse en el libro mayor público.

Este proceso es lo que se conoce como minería. Las redes de criptomoneda dependen de los mineros para validar las transacciones y agregarlas al libro público y para garantizar que los usuarios no intenten engañar al sistema. También se crean nuevas monedas criptográficas y se agregan a la red a través del proceso de minería. Como recompensa por la minería, los mineros reciben estas monedas de nueva creación. En otras palabras, los mineros actúan como contadores de la red de criptomonedas y ganan pequeñas tarifas y monedas recién creadas como pago. Cualquiera puede convertirse en un minero de criptomonedas siempre que tenga acceso a Internet y suficiente hardware de computadora.

La Recompensa del Bloque

La minería de criptomonedas se basa en el concepto de recompensas de bloque. Para que se verifiquen las transacciones en criptomonedas, los mineros deben resolver ecuaciones matemáticas complicadas y de gran complejidad computacional. Las soluciones a estos rompecabezas matemáticos se basan en los resultados de las soluciones de bloques anteriores, por lo tanto, es imposible para un minero calcular la solución de un bloque futuro de antemano sin la solución al bloque anterior. Un bloque es simplemente una colección de las firmas criptográficas de las transacciones realizadas dentro de un período de tiempo específico. El blockchain está formado por esta historia de bloques de transacciones y soluciones.

Las computadoras que explotan la criptomoneda están esencialmente compitiendo entre sí para resolver estos enigmas. La primera computadora en encontrar una solución para los rompecabezas consigue agregar el siguiente bloque a la cadena de bloques (blockchain). A cambio, esta computadora es recompensada con monedas recién creadas y las tarifas cobradas por las transacciones. Esto es lo que se conoce como la recompensa de bloque.

La mayoría de las criptomonedas están diseñadas con un número máximo de monedas que pueden lanzarse dentro de la red. Por ejemplo, el número máximo de Bitcoins que se producirán es de 21 millones de monedas, mientras que Litecoin tiene un límite de 84 millones de monedas. Para asegurarse de que todas las monedas no se extraigan de una sola vez, las diferentes criptomonedas emplean diferentes métodos para controlar la velocidad a la que se lanzan las nuevas monedas.

Para la mayoría de las criptomonedas, los

complejos rompecabezas matemáticos tienen un valor de dificultad que puede escalar hacia arriba o hacia abajo a lo largo del tiempo, dependiendo del esfuerzo que los mineros estén empleando para explotar la criptomoneda. El objetivo de esto es mantener la tasa de lanzamiento de nuevas monedas bastante constante. Por ejemplo, el nivel de dificultad de los rompecabezas matemáticos de Bitcoins está configurado para ajustarse después de cada 2016 minados, o una vez cada dos semanas. Cuando aumenta el poder computacional puesto en la minería, aumenta el nivel de dificultad. Cuando la potencia de cálculo disminuye, los rompecabezas se vuelven más fáciles de resolver. Al hacerlo, los objetivos de Bitcoin para generar una solución de bloque aproximadamente cada 10 minutos. Las diferentes criptomonedas tienen diferentes enfoques. Por ejemplo, el objetivo para Ethereum es una solución de bloque cada 16 segundos.

La minería de criptomonedas y la recompensa de bloque pueden compararse con la búsqueda de oro en una corriente. Algunos tendrán suerte y encontrarán enormes pepitas de oro, otros solo encontrarán algo de polvo de oro mientras que otros no encontrarán nada. Quien esté en una buena ubicación encontrará más oro. Sin embargo, con la criptomoneda, la buena ubicación está representada por un buen hardware de minería.

Configurando el Software de Minería

Hay varias opciones cuando se trata de la minería de criptomonedas. Algunos algoritmos como CryptoNight se pueden ejecutar en las CPU. Otros, como Ethereum, Vertcoin y Zcash, se ejecutan mejor en GPU, mientras que otros como Bitcoin y Litecoin solo pueden ejecutarse en ASIC (Circuitos integrados específicos de la aplicación). Sin embargo, hay más en la minería además de tener el hardware de la minería.

Durante los primeros días de la

criptomoneda, era posible que alguien lo hiciera solo. Todo lo que tenía que hacer era descargar o crear una billetera para su criptomoneda preferida e instalar el software de minería correcto. Luego, configuraría el software de minería para unirse a su red de criptomoneda preferida y le pedirá a su hardware que ejecute los cálculos con la esperanza de encontrar una solución de bloque válida antes que otros mineros.

Estos días, sin embargo, muchas cosas han cambiado. No necesita tener el software de monedero, ya que ya no es necesario para la minería y solo termina consumiendo el espacio en disco y el ancho de banda. Por ejemplo, la descarga del blockchain de Bitcoin tomará aproximadamente 145 GB. Hoy en día, los sitios web se han construido para cuidar de esto. Sin embargo, esto también condujo al aumento en el número de personas que están explotando criptomonedas. Idealmente, si proporciona un cierto porcentaje de la potencia computacional total gastada en la extracción de una criptomoneda en particular, debería encontrar un porcentaje igual de todos los bloques extraídos. Sin embargo, con el aumento en el número de mineros, es imposible proporcionar una cantidad sustancial de potencia computacional, lo que a su vez significa que sus posibilidades de encontrar una solución de bloque válida son prácticamente imposibles. Aquí es donde entran los pools de minería.

Pools de Minería

Con el creciente número de mineros, la minería en solitario es prácticamente imposible. Para ganar premios en bloque, debes formar parte de grandes gremios de minería, que se conocen como Pools de minería. Cuando se trata de minería, cuanto más grande es el grupo de minería, mayores son las posibilidades de encontrar soluciones de bloque válidos. Sin embargo, es importante tener en cuenta que, por motivos de seguridad, no se permite que un solo individuo o grupo de minería tenga el control de más del 50 por ciento de la potencia de cómputo total (hashrate) en ninguna red de criptomoneda. Esto llevaría a lo que se conoce como un ataque del 51%.

Los grupos de minería funcionan haciendo que cada participante contribuya con su poder computacional a la minería. De manera similar, todas las recompensas se distribuyen entre todos los miembros del grupo en función del porcentaje de potencia de cómputo que proporcionan. La agrupación, que envía como recursos compartidos, asigna pequeñas tareas a su hardware. Al unirte a un grupo, aumentas tus posibilidades de ganar un pequeño porcentaje de una recompensa. Si fueras un solo minero, podrías quedarte con toda la recompensa, pero tus posibilidades de encontrar una solución de bloque válida serían casi nulas.

Para ilustrar lo difícil que es tener éxito como minero en solitario, consideremos el porcentaje total de la red de Bitcoin, que se sitúa en aproximadamente 13 exahash

(EHash/s). Al mismo tiempo, un buen Bitcoin ASIC solo es capaz de aproximadamente 13 THash/s. Esto significa que sus posibilidades de minar con éxito en solitario un bloque son de una en un millón, o aproximadamente un bloque en 19 años. Además de eso, el hashrate sigue aumentando con el aumento en el número de usuarios. Esto significa que sería más fácil ganar la lotería que tener éxito como minero en solitario.

Sin embargo, supongamos que se unió a un grupo de minería grande que proporciona aproximadamente el 25 por ciento del hashrate en la red. Estepool idealmente extraería el 25 por ciento de los bloques. Su 13 THash/s sería equivalente al 0.0004 por ciento del hashrate del grupo, y obtendría una parte similar de las recompensas de bloque. La recompensa del bloque es de 12.5 Bitcoins, por lo tanto, terminaría con aproximadamente 0.00005 BTC por bloque. Como su grupo ideal encontraría aproximadamente 36 bloques en un día, ganaría aproximadamente 0.0018 BTC todos los días. Con un Bitcoin actualmente de alrededor de $ 17000, obtendría ganancias de alrededor de $ 30 por día.

La Minería Actual

Con su hardware listo y habiéndose unido a un pool de minería, ahora está listo para comenzar. Todo lo que necesita hacer ahora es descargar el software correcto y configurarlo para su hardware y pool. La mayoría de los pools de minería le ayudarán con instrucciones sobre dónde descargar el software y cómo configurarlo. Es bueno tener en cuenta que su velocidad de minería se verá afectada por cosas como la memoria, las velocidades de reloj, los controladores e incluso las revisiones de firmware. Para sacar el máximo provecho de su software de minería, debe revisar varios foros para obtener ideas sobre cómo optimizar su hardware.

Un desafío que muchos nuevos mineros a menudo enfrentan es decidir cuál es la mejor moneda para minar. Este es un tema delicado debido a la alta volatilidad de los precios de las criptomonedas, así como a la aparición de nuevas monedas cada día. Por ejemplo, Ethereum era solo otra moneda que era potencialmente rentable para la mina. De repente, las fuerzas del mercado aumentaron su valor y se volvió increíblemente rentable en poco tiempo. Cambiar entre diferentes monedas también es un asunto que consume tiempo.

Para evitar estos problemas, algunos mineros utilizan plataformas como Nicehash, WinMiner y Kryptex, que le permiten ceder su hash a otros. Los pagos se realizan en bitcoins. Esto transfiere la carga de descubrir la mejor moneda para minar a otros y asegura que no te quedes atascado con algunas monedas sin valor. Sin embargo, hay tarifas involucradas en esto. Alternativamente, puede configurar un software de minería de algoritmo múltiple. Aquí, crea cuentas para todas las monedas que le interesan y configura reglas para determinar qué moneda se extraerá a tal hora.

Conclusión: ¿Es la Minería un Negocio Rentable?

Antes de decidir entrar en la minería de criptomonedas, es importante tener en cuenta que el hardware de minería no es barato. También debe considerar los requisitos de energía. Cuanto más bajos sean sus costos de energía, más probabilidades tendrá de obtener ganancias de la minería. En última instancia, la rentabilidad de la minería se basa en la volatilidad que se está presenciando en el mercado de la criptomoneda. Con monedas prácticamente desconocidas que obtienen ganancias de más del 1000% en cuestión de meses, puede golpear fácilmente la veta madre. Sin embargo, también es importante tener en cuenta que el precio de una criptomoneda también puede caer tan rápido como subió. Por lo tanto, si decide entrar en la minería de criptomonedas, no arriesgue más dinero del que está dispuesto a perder.

Capítulo Seis: Invertir en Criptomoneda – Lo que Necesita Saber

Ya que estás leyendo este libro, puedo asumir que quieres aprender cómo puedes invertir en criptomoneda y ganar algo de dinero. Tras su ascenso meteórico, Bitcoin ha creado varios multimillonarios, y no querrás quedarte atrás mientras la gente gana una cantidad increíble de dinero con esta locura de criptomoneda. Hay varias formas de invertir en criptomoneda. Los más comunes incluyen comprar y mantener monedas con fines de especulación y comerciar en criptomonedas de la misma manera que las personas comercian en el mercado de divisas. También podrías entrar en la minería, como vimos en el capítulo anterior. En este capítulo, aprenderá todo lo que necesita saber sobre la inversión en criptomoneda.

¿Por Qué Invertir en Criptomoneda?

La gente hace inversiones en criptomoneda por varias razones. Sin embargo, hay tres razones importantes por las que debería invertir en criptomoneda. Primero, invertir en criptomoneda es una forma de proteger sus activos contra la inminente caída del imperio del dólar. La criptomoneda es una ola que está revolucionando silenciosamente el mercado de dinero. Al invertir en la criptomoneda, esencialmente apuestan al éxito de esta revolución. En segundo lugar, solo debe invertir en la criptomoneda si apoya la visión detrás de la criptomoneda: la de la moneda universal que está libre de control por parte de los gobiernos. Finalmente, debe invertir en criptomonedas solo si entiende la tecnología detrás de ellas.

Desafortunadamente, algunas personas están invirtiendo en criptomoneda debido al "temor de perderse" (síndrome FOMO por sus siglas en inglés de *Fear Of Missing Out*), con la esperanza de hacer dinero rápido. Ni siquiera entienden la tecnología. Esta es una muy mala estrategia de inversión.

También debe tener en cuenta que las criptomonedas no son como cualquier inversión ordinaria. Son más volátiles que cualquier otra clase de inversión. Son activos no regulados. También son una inversión de muy alto riesgo. Siempre existe el riesgo de que pueda perder su llave, un Exchange o su monedero puede ser hackeado, o incluso puede ser ilegalizada por completo.

Construyendo su Portafolio – ¿Qué Criptomonedas Debe Comprar?

Para la mayoría de las personas, la única criptomoneda en la que han pensado invertir es Bitcoin. Esto se debe a que, hasta hace poco, Bitcoin ha sido la única criptomoneda dominante. Las otras altcoins solo han sido penny stocks con pocas posibilidades de rentabilidad. Sin embargo, las cosas ahora han cambiado. Si bien Bitcoin sigue siendo dominante, su participación en el mercado de la criptomoneda se ha reducido a alrededor del 40%, en comparación con el 90% del que gozaba. Esto se debe principalmente al crecimiento de Ethereum, así como a los problemas de escalabilidad que enfrenta Bitcoin. Esto demuestra por qué es importante mantenerse siempre al tanto de cualquier ocurrencia en la esfera criptográfica.

Si bien Bitcoin sigue siendo un activo estándar para invertir, debe equilibrar y diversificar su portafolio. Algunas buenas opciones a considerar incluyen Ethereum, Ripple, Dash, Litecoin, Monero y las otras monedas que mencioné en el Capítulo 3. Sin embargo, antes de invertir en una cierta criptomoneda, tómese su tiempo para investigar sobre la moneda y decida si cree en su visión y objetivo. Cada día salen nuevas monedas, mientras que otras mueren cada día, así que investigue para evitar perder su dinero.

Algunos factores que debe considerar antes de decidir si desea invertir en una criptomoneda específica incluyen:

- La velocidad de procesamiento de la transacción.

- El número de monedas actualmente en circulación.

- ¿El suministro de monedas es limitado o ilimitado? Si es limitado, ¿cuál es el límite?

- Las aplicaciones reales de la criptomoneda.

- Adopción de la tecnología en el mundo real.

- Antecedentes de los fundadores.

- ¿El proyecto tiene grandes inversores?

¿Cómo Comprar tus Primeras Monedas?

Para los principiantes, la primera vez que compre monedas criptográficas puede ser confusa y desafiante. Antes de que pueda comprar sus primeras monedas, debe configurar su monedero digital. El tema de elegir el monedero de criptomonedas correcta se ha tratado con mayor detalle en el Capítulo 4, por lo que no lo volveré a tratar. Una vez que haya configurado su monedero digital, lo siguiente es averiguar cómo va a pagar sus monedas criptográficas. Aunque también son una forma de dinero, tiene que cambiarlos por dinero fiduciario, de manera similar a cómo cambiaría sus dólares por otra moneda cuando viaja al extranjero. La complejidad de comprar criptomonedas depende del sistema financiero de su país, aunque no tiene por qué ser un proceso complicado. Algunos de los métodos que puede utilizar para pagar las monedas criptográficas incluyen:

Transferencia bancaria: esta es una forma simple pero lenta de pagar por las criptomonedas. Simplemente haga una transferencia a la cuenta del vendedor y le enviarán sus monedas en el momento en que reciban el dinero. Las transferencias bancarias tardan entre 1 y 2 días para que el dinero se refleje en la cuenta del vendedor, por lo tanto, tendrá que esperar entre 1 y 2 días antes de recibir sus monedas.

Tarjeta de crédito: A pesar de ser el método de pago en línea más común para el dinero fiduciario, los vendedores de criptomonedas no lo aceptan. Esto se debe a que con los pagos con tarjeta de crédito, los compradores malintencionados pueden reclamar reembolsos de cargo y, por lo tanto, defraudar al vendedor. Dado que las transacciones en criptomoneda son irreversibles, el vendedor no tendría forma de recuperar sus monedas. Sin embargo, algunas Exchanges aceptan pagos con tarjeta de crédito, aunque cobran precios más altos por las criptomonedas.

PayPal: Al igual que las tarjetas de crédito, los pagos de PayPal son ampliamente rechazados por los vendedores de criptomonedas debido al problema de los reembolsosde cargo. Algunos Exchangesson compatibles con los pagos de PayPal, aunque también cobran precios significativamente más altos.

Otros canales de pago: los diferentes Exchangesaceptan muchos otros métodos de pago diferentes, como Skrill, Sofort, iDEAL y muchos más.

Canales de pago privados: es posible pagar por monedas criptográficas a través de otros canales privados como Western Union, Paysafecard o usando dinero en efectivo antiguo. Algunas plataformas p2p como LocalBitcoins vinculan a compradores y vendedores en la misma región, lo que les permite decidir sus propios métodos de pago.

Una vez que haya descubierto el mejor método de pago para usted, ahora puede seguir adelante y comprar su criptomoneda preferida. Algunos lugares comunes donde puede comprar criptomonedas incluyen plataformas de Exchange, corredores e intercambios comerciales directos, mercados p2p como LocalBitcoins, a través de tarjetas de regalo y vales y cajeros automáticos de criptomoneda.

*Exchanges*de *Criptomonedas*

Si su intención es entrar en el comercio de

criptomonedas, entonces definitivamente tendrá que unirse a un Exchange de criptomonedas. Estas son plataformas que permiten a los usuarios intercambiar criptomonedas por monedas fiduciarias, así como otras criptomonedas. Hay varios tipos de Exchange, cada uno destinado a servir a un tipo específico de usuario. Existen Exchanges avanzados con herramientas comerciales complejas para servir a los comerciantes profesionales, mientras que otras están ahí para servir a las personas que buscan realizar el comercio ocasional.

Los tres tipos principales de Exchanges son:

Plataformas de negociación: conectan a los comerciantes y realizan el papel de un depósito en garantía. Manejan el procesamiento de pedidos y cobran tarifas por cada transacción.

Plataformas de comercio directo: también conocidos como mercados p2p, estos compradores y vendedores de enlaces se relacionan directamente sin desempeñar el papel de intermediario. En lugar de tener precios fijos, permiten a los vendedores establecer sus propias tarifas.

Corredores e intercambios comerciales directos: funcionan de manera similar a los corredores de divisas, intercambiando criptomonedas por otras criptomonedas y dinero fiduciario a precios fijos.

Factores a Considerar al Elegir un Exchange

Escriba las palabras " Exchange de criptomoneda" en su navegador y encontrará varios Exchanges para elegir. Con un grupo tan amplio para escoger, desea asegurarse de unirse a un Exchange de criptomonedas que mejor se adapte a sus necesidades. Algunos factores a tener en cuenta al elegir un Exchange de criptomonedas incluyen:

Reputación: antes de unirse, averigüe qué dicen otros usuarios sobre el Exchange. Lee reseñas en línea y recorre comunidades y foros de criptomonedas.

Cargos: los intercambios de monedas criptográficas ganan dinero al cobrar las tarifas de transacción, depósito y retiro. Averigüe la estructura de tarifas de un Exchange antes de unirse para evitar cargos imprevistos.

Métodos de pago: ¿El Exchange admite métodos de pago que sean convenientes para usted? También debe tener en cuenta que los cargos serán más altos para los Exchanges que aceptan pagos con PayPal y con tarjeta de crédito y que las transferencias bancarias no son convenientes cuando necesita realizar transacciones rápidas.

Requisitos de verificación: ¿Estás buscando un completo anonimato? La mayoría de los Exchanges le pedirán documentos de identidad y prueba de dirección antes de poder comenzar a operar. ¿Estás dispuesto a proporcionar esta información?

Restricciones geográficas: ¿El Exchangeofrece soporte total en su región geográfica?

Tipos de cambio: los Exchanges de criptomonedas también obtienen beneficios de sus diferenciales.

Compruebe sus tarifas y diferenciales para asegurarse de que está obteniendo la mejor oferta.

La evaluación de un Exchange basado en las consideraciones anteriores garantizará que se una al Exchange de criptomonedas que mejor se adapte a sus necesidades. Algunos Exchanges populares de criptomonedas que podría considerar incluyen Coinbase, Kraken, Poloniex, Shapeshift y LocalBitcoins.

¿Cuándo Debería Comprar?

Si escuchas a los comerciante (traders) de criptomonedas, los escucharás hablar sobre los buenos y los malos tiempos para comprar. Entonces, ¿cuándo es el mejor momento para comprar? No hay una regla de oro en cuanto a cuándo debe comprar las criptomonedas. Sin embargo, debes evitar comprar en la cima de una burbuja. Tampoco debes comprar cuando los precios se están derrumbando. Como dice el comerciante, "Nunca atrapes un cuchillo cuando cae". Los mejores momentos para comprar son cuando los precios son relativamente bajos y estables.

Para ser un comerciante exitoso, necesita aprender cómo determinar cuándo una burbuja está a punto de estallar y cuándo el precio llega al fondo después de caer. Sin embargo, nadie puede predecir esto con certeza definitiva. Por ejemplo, cuando Bitcoin aumentó a $ 1000, muchas personas tenían miedo de comprar, pensando que este era el pico de la burbuja. El precio subió a $ 10000 y muchos más pensaron que este sin duda debía ser el pico. Sin embargo, Bitcoin desafió su predicción y continuó subiendo, casi llegando a la marca de $ 20000. También debe evitar comparar burbujas de criptomoneda con burbujas financieras, ya que las criptomonedas son altamente volátiles.

Riesgos de Invertir en Criptomonedas

A pesar de que algunas personas se han

convertido en millonarios y multimillonarios instantáneos a través de la inversión y el comercio de criptomonedas, esto no significa que no haya riesgos en ello. Estos son algunos de los riesgos a los que se enfrenta cuando decide convertirse en un inversor en criptomoneda.

Algunas tecnologías fallarán: debe tener en cuenta que las criptomonedas son básicamente software o líneas de código. ¿Recuerdas el quiebre de dot.com? Algunas criptomonedas fallarán de la misma manera que algunas compañías de software fallaron en la era dot.com. En la década de los 90, hubo muchas exageraciones sobre lo nuevo conocido como Internet, que prometía cambiar el mundo. Bueno, internet cambió el mundo. Se crearon multimillonarios de la noche a la mañana. Sin embargo, muchas personas también perdieron su dinero allí también. Lo mismo ocurrirá con la criptomoneda. Al invertir en una criptomoneda, simplemente apuesta por ese software. Algunos cambiarán el mundo y crearán una inmensa riqueza, mientras que otros se desvanecerán de la faz de la tierra. Aprende a diferenciar los ganadores de los perdedores.

Requiere conocimientos técnicos: las criptomonedas fueron desarrolladas por súper geeks, y para la mayoría de las personas, las criptomonedas aún son geek. Para entrar en la criptomoneda, necesitas ser bueno con las computadoras. Al menos hasta que se construyan interfaces de criptomoneda más fáciles de usar. ¿Por qué estoy diciendo esto? Con las criptomonedas, se trata de efectivo. Necesita estar bien versado en varios aspectos de la seguridad de la computadora y de Internet. De lo contrario, podría despertarse para encontrar un balance de cero en su monedero digital. También debe comprender los conceptos básicos de cómo funcionan las criptomonedas para permitirle apostar en aquellas con mayor probabilidad de éxito.

Riesgo del corredor y la tecnología: la criptomoneda todavía está en su infancia, por lo que todavía hay muchas incógnitas. Muchas cosas podrían cambiar. Nuevas vulnerabilidades de seguridad podrían surgir. ¿Recuerda cómo millones de comerciantes perdieron su dinero después de la piratería de MtGox? En todo caso, debe considerar que tratar con corredores de criptomoneda sea dos veces más riesgoso que tratar con corredores de divisas.

Factores que Afectan el Precio de la Criptomoneda

Los precios de la criptomoneda se ven afectados por varios factores, que a veces conducen a cambios muy abruptos. Algunos factores que debe tener en cuenta incluyen:

Listado de Exchange: Este es un motor importante de los precios de criptomoneda. Cuando un gran Exchange de criptomonedas anuncie que comenzarán a listar una cierta criptomoneda, puede esperar que el precio se dispare en un futuro cercano.

Actualizaciones de software: las criptomonedas se someten a actualizaciones de software para resolver los desafíos existentes en la red o para mejorar la funcionalidad. Por ejemplo, hubo un argumento muy debatido sobre cómo realizar una actualización de software para mejorar la velocidad de procesamiento de transacciones de Bitcoin. Este argumento terminó con la división de Bitcoin Cash de Bitcoin. Tenga cuidado con las actualizaciones de software, ya que es muy probable que afecten el precio de una criptomoneda.

Intensidad en la publicidad: al igual que las acciones de la compañía, los precios de la criptomoneda pueden verse afectados por noticias falsas.

Mejoras en el monedero: algunos inversores compran criptomonedas y las retienen durante un par de años mientras esperan que suban los precios. Por lo tanto, el almacenamiento es una parte importante de la ecuación de criptomoneda. En sus etapas iniciales, la mayoría de las criptomonedas son todavía geek, con monederos que no son aptos para principiantes. Esto mantiene a los inversores no tecnologizadosalejados de estas criptomonedas. Por lo tanto, las criptomonedas sin buenos monederos son a menudo subvaloradas. La presentación de unmonedero mejor y fácil de usar abre estas criptomonedas a las masas y, por lo tanto, a menudo la lleva a un aumento en su precio.

Aplicaciones de plataforma: algunas plataformas de criptomoneda son más que monedas digitales. Por ejemplo, Ethereum es una plataforma que permite la construcción y el despliegue de otras aplicaciones. Si una de las aplicaciones creadas en una plataforma de criptomoneda funciona bien, puede llevar a un aumento en el valor de la plataforma subyacente. Por lo tanto, es bueno tener cuidado con las aplicaciones prometedoras que están alojadas en la plataforma de criptomoneda en la que está operando.

Regulación gubernamental: las políticas gubernamentales también tienen un efecto sobre las criptomonedas. Por ejemplo, los precios de Bitcoin cayeron antes de repuntar en septiembre de 2017 después de que China anunció que había prohibido el comercio de criptomonedas en el país. Debe mantenerse al tanto de las tendencias políticas delos gobiernos y evitar las criptomonedas que probablemente sean marcadas por estos.

Capítulo Siete: El Futuro de la Criptomoneda

2017 ha sido un gran año para la criptomoneda. Muchas criptomonedas experimentaron un gran crecimiento, y algunas como Bitcoin, Bitcoin Cash, Dash y Ethereum experimentaron un crecimiento exponencial. A medida que avanzamos, el espacio criptográfico solo seguirá creciendo. Según algunos expertos de la industria, el año que viene se generará una conciencia pública masiva para las criptomonedas. Estas son algunas de las cosas que se espera que ocurran en el mundo de los criptográficos dentro del próximo año.

Los Impuestos se Convertirán en un Problema Enorme

Mientras que muchas personas han erigido una riqueza masiva en el mercado de la criptomoneda, muchas han estado manteniéndolas alejadas de los ojos del gobierno. En el próximo año, puede esperar que el ISR se centre más en controlar a los inversores en criptomoneda para asegurarse de que paguen sus impuestos.

El Número de Usuarios Aumentará

No hay duda de que la cantidad de usuarios de criptomoneda aumentará en el próximo año. A medida que aumenta la conciencia pública de las criptomonedas y que el software se vuelve más fácil de usar para los no expertos en tecnología, puede apostar a que habrá una mayor utilización de las criptomonedas. Algunos expertos de la industria predicen que en el próximo año, más de 50 millones de personas tendrán al menos una criptomoneda.

Bitcoin se Convertirá en una Red de Pago

Aunque estaba destinado a ser un sistema de pagos electrónicos, muchas personas actualmente consideran a Bitcoin como una reserva de valor y un activo especulativo. Sin embargo, según Trevor Koverko, CEO de una compañía de tecnología de criptomoneda, la utilidad y el precio de Bitcoin aumentarán dramáticamente, lo que llevará a su aparición como una red de pagos completa. Esto será impulsado por la aparición de soluciones de escalamiento como la red de iluminación. Sin embargo, para que Bitcoin se convierta en una red de pagos completa, su comunidad debe estar dispuesta a adoptar estas actualizaciones.

Las Criptomonedas Llegaron para Quedarse

Para algunas personas, las criptomonedas son una moda pasajera, algo que perderá impulso tan rápido como la ganó. Sin embargo, los expertos de la industria creen que las criptomonedas y la tecnología de blockchain están aquí para quedarse. Algunas plataformas como NEO y Ethereum impulsarán la adopción de la tecnología, ya que ayudan a las personas a crear aplicaciones de blockchain que tienen usos significativos en el mundo real. La adopción de estas aplicaciones del mundo real por parte del mundo corporativo aumentará la demanda de criptomonedas y, por lo tanto, garantizará su longevidad.

Diversificación de Activos por Parte de los Inversores

Actualmente, la mayoría de los inversores mantienen sus activos en Bitcoin y Ethereum. Sin embargo, se puede esperar que más personas comiencen a diversificar sus portafolios en otras criptomonedas como Dash, Litecoin, IOTA, NEM y muchas más. Muchos inversores diversificarán sus cripto-activos de la misma manera que se acercan a otros activos tradicionales. Muchas más criptomonedas también aparecerán en el próximo año. Algunas se presentarán para abordar los desafíos que están experimentando las criptomonedas existentes, mientras que otras introducirán nuevos nichos por completo. Existe una alta probabilidad de que algunas de las nuevas criptomonedas se vuelvan muy rentables.

Mayor Interés por parte de Inversores Institucionales

Hasta hace poco, los inversores institucionales han estado mirando la criptomoneda con un ojo muy escéptico. Sin embargo, el año 2017 ha sido testigo del ingreso de algunas instituciones de renombre en la industria. De acuerdo con el CEO de The Crypto Company, Mike Poutre, el próximo año verá una disminución de la volatilidad en el precio de Bitcoin, que a su vez atraerá a más inversores institucionales y conducirá al crecimiento de criptomonedas alternativas. Mike incluso predice que el mayor interés de los inversionistas institucionales podría empujar la capitalización de mercado de la industria de la criptomoneda más allá de los $ 5 mil millonespara el próximo año.

Se Incrementará la Regulación

Actualmente, muchos países no tienen ninguna política con respecto a las criptomonedas. Sin embargo, varios gobiernos han observado atentamente su uso y crecimiento. A medida que más personas adopten las criptomonedas, los gobiernos comenzarán a implementar las regulaciones que rodean su uso. Algunas instituciones financieras como Barclays Bank también están tratando de impulsar la adopción de las criptomonedas y la tecnología de blockchain en el sistema financiero convencional. Es probable que las ICO sean la primera área afectada por la regulación, antes de que se muevan hacia las criptomonedas. La mayoría de las regulaciones también pueden tratar de promover la adopción de las leyes KYC (Conozca a su cliente por sus siglas en inglés de *Know Your Customer*) para rastrear el flujo de fondos y mejorar la transparencia. Si bien es imposible predecir el impacto de la regulación en las criptomonedas, existe una alta probabilidad de que la regulación no obstaculice su crecimiento.

Las Criptomonedas Obligarán a los Sistemas Financieros Convencionales a Elevar su Nivel

Actualmente, los bancos y los procesadores de pagos tradicionales disfrutan de tarifas de transacción extremadamente altas. También son muy lentos, ya que la mayoría de las transacciones internacionales se procesan en 1 a 3 días. Las criptomonedas, por otro lado, son muy rápidas y tienen tarifas de procesamiento extremadamente bajas. Estas ventajas podrían llevar a más empresas a las criptomonedas. Para que sigan siendo relevantes, los bancos y los procesadores de pagos tradicionales deberán mejorar su juego.

Conclusiones

A pesar de estar aún en su etapa inicial, la criptomoneda está revolucionando el mundo de manera silenciosa y constante, en particular al sector financiero y de inversión. Debido a las muchas ventajas que ofrece la criptomoneda, muchas empresas e individuos están comenzando a aceptarla gradualmente. Muchos inversores también han cambiado de los activos de inversión tradicionales a los cripto-activos. En los últimos 2 años, la industria también ha creado muchos millonarios y multimillonarios. Dado que la industria aún está en sus etapas iniciales, podemos esperar que haya algunos desafíos y obstáculos que superar antes de que logre la adopción general. Sin embargo, podemos estar seguros de que la industria de la criptomoneda será la próxima revolución en el mundo como la conocemos. Esto demuestra por qué es importante saltar al tren de criptomonedas antes de que salga de la estación y se pierda. Habiendo llegado al final de este libro, espero que use el conocimiento aprendido en este libro para ingresar al mundo de la criptomoneda y construir una fortuna para usted.